ひとり暮らし認知症高齢者の「くらし」を考える

継続と限界のはざまで

著──中島民恵子　久保田真美
Nakashima Taeko　Kubota Mami

クリエイツかもがわ
CREATES KAMOGAWA

はじめに

本書『ひとり暮らし認知症高齢者の「くらし」を考える』は「くらし」を強調しています。

この「くらし」は、日常生活の営みにとどまらず、英語の「Life」がもつ広がりを意識した言葉です。「Life」は、命や生きること、日常生活、価値観やつながりといった、その人の生き方全体を含む多面的な意味をもちます。このような視点を「くらし」という言葉に込めたのは、ひとり暮らし認知症高齢者の生活や思いなどに広く寄り添いたいと考えているからです。

1　私たちの問題意識

本書は私たちの、次のようなシンプルな問題意識からスタートしています。

ひとり暮らし認知症高齢者は、

①どのような思いでひとり暮らしを続けているのだろうか。

②どのような状況になるとひとり暮らしがむずかしくなるのだろうか。

③どのような生活上の課題に直面しやすいのだろうか。

④どのような工夫や支援があると、できる限りこれまでの生活環境のなかで暮らし続けることができるだろうか。

「ひとり暮らし」の人が「認知症」を発症すると、実際にはさまざまな生活上の課題が生じやすくなる、と私たちは実感しています。在宅生活ができなくなる状況に直面することもあります。

ただそのときに、「認知症だから」「ひとり暮らしだから」とあきらめてしまうのではなく、「認知症になってからも」「ひとり暮らしをしていても」、本人や本人に関わる人たちがともに考え、その時々の最善をつくしていけるような後押しができないでしょうか。また、ひとり暮らしを継続できなくなったとしても、本人が自分なりに折り合いをつけながら、その人らしく暮らし続けられるようにできないでしょうか。本書が、それらを考える機会になればと思っています。

私たちの住む社会は非常に多様化してきています。ひとり暮らし認知症高齢者が地域で受け入れられることは、一人ひとりの尊厳がより重視される社会に近づくことだと思います。誰でも、ひとり暮らしで認知症となる可能性があり、ひとり暮らしの認知症高齢者と関わる可能性があります。そのなかで、当事者としての心構えや備え、関わる人としての心構えや関わり方についても、いっしょに考えていける書をめざしています。

本書は、中島と久保田が協働して執筆しています。

中島は、学生時代に認知症高齢者に出会い、第一線でその人たちに関わる専門職の真摯な姿勢に胸を打たれました。そして、認知症高齢者の地域における尊厳ある暮らしの実現を願って、名古屋を拠点に「ひとり暮らし認知症高齢者の在宅生活継続」に関する研究を行ってきました。

久保田は看護師として病院や地域で勤務するなかで、ひとり暮らしの認知症高齢者に関心をもつようになり、家族や多職種のジレンマも身近に感じていました。神戸を拠点に実践現場で認知症高齢者の支援に携わりつつ、地道に「ひとり暮らし認知症高齢者」に関する研究に取り組んできました。

二人は、ともに近しい問題意識のもと取り組んできた研究や実践から得た知を、できるだけ多くの人たちに届けたいと思いました。

この本を手に取ったあなたは、ひとり暮らし高齢者になる時期が近づき、自身の未来を考え始めている人かもしれません。遠方に住むひとり暮らしの親の様子が少し心配な人、ひとり暮らし認知症高齢者を身近で支えている人かもしれません。地域に住んで、ひとり暮らし認知症高齢者に関わっている人、あるいはひとり暮らし認知症高齢者に向き合っている多様な専門職かもしれません。

日々の関わりのなかで、本人の気持ちが揺れている状況や生活上の課題に直面し、どうしたらいいだろうか、何ができるだろうか、と迷うこともあるでしょう。それぞれに直面している現実の一つひとつは個別性が高く、さまざまな要因が複合的に絡み合っているため、本書がその解決策が何かについて直接的に寄与できるとは限りません。

しかし、本書は本人の思い、苦労、直面する課題とその工夫について詳解することで、本人が安全に安心して生活するための知恵や工夫を共有する機会になることに寄与したいと考えます。ひとり暮らし認知症高齢者の生活に関わるすべての人にとって、暮らしのあり方について考えていく一助になれば幸いです。

2　本書の構成内容

序章は、本書のテーマの基盤ともいえる、ひとり暮らし高齢者数、認知症高齢者数の将来推計や政策の動向です。日本の認知症高齢者を取り巻く環境がよりよくなるために、これまで取り組まれてきた施策や構築されてきた仕組みを紹介します。

第1章は、ひとり暮らし認知症高齢者本人へのインタビューから、「本人はどのような思いでひとり暮らしを続けているのだろうか」という一つ目の疑問を紐解きます。ひとり暮らし認知症高齢者の生活継続に向けた支援を考えるには、本人がひとりで暮らす日々のなかでどのような体験をし、それをどう考えているのか、という視点をもつことが必要不可欠です。その日々の体験に焦点をあて、「本人の視点」からのひとり暮らしの生活のありようを示します。

第2章では、「どのような状況になるとひとり暮らしがむずかしくなるのだろうか」という二つ目の疑問に対して、ひとり暮らし認知症高齢者の在宅生活が終了するプロセスに焦点をあてます。ひとり暮らしの限界までの過程を明らかにすることは、ひとり暮らし認知症高齢者が可能な限り自ら望む生活を維持し、必要に応じて適切な時期に適切な場所に移行するあり方を考える上で重要であると考えています。

第3章では、「どのような生活上の課題に直面しやすいのだろうか」という三つ目の疑問について、これまで介護支援専門員や訪問看護師などの支援者に対して行われてきた調査や研究で明らかになった「ひとり暮らし認知症高齢者が直面する生活上の課題」を整理します。さらに、多くのひとり暮らし高齢者に生じやすい生活上の課題を具体的に示します。

また、「どのような工夫や支援があると、できる限りこれまでの生活環境のなかで暮らし続けることができるだろうか」という四つ目の疑問に接近するために、関わる人々の心構えや、多様な資源やツールなどを用いた支援上の工夫も紹介します。

本書では直面する生活上の課題を大きく二つに分け、第3章では「健康といのちに関する課題」に焦点をあてて、主に「健康管理の乱れ」「生命の安全をおびやかしうる危機」について扱います。続く第4章で、もう一つの「本人と社会との不調和による課題」に焦点をあてます。主に「衛生状態の乱れ」「生活を維持する上での経済的危機」「対人関係の不調和」「必要な受診やサービス利用の困難」について、第3章と同様に紹介します。

第4章までで触れた生活上の課題と向き合い、本人が希望する生活を継続できるような支援を考えつつも、ひとり暮らしの生活の継続が可能かどうかを見極めることも必要です。第5章は、ひとり暮らしを終えて住み替えた事例について具体的に示しました。ケアハウスへの住み替え、養護老人ホームへの住み替え、そしてグループホーム（認知症対応型共同生活介護）に住み替えた事例を紹介します。

グループホームは、在宅生活の継続がむずかしくなった場合でも、本人のこれまでの暮らしが尊重され、その連続性のなかで本人らしい生活をめざす地域密着型サービスの一つです。在宅以外に移り住む場合でも、これまでの暮らしや意向を尊重することを通して、本人らしく暮らせることの大切さについて考えます。

誰でも認知症になりえます。私たちがひとり暮らし認知症高齢者になった際に、これまでの暮らしや意向が尊重されるためには、自ら備え、その実現に向けて考えておくこともとても大事です。その心構えについても考えます。

終章は、本書のまとめと、今後に向けた課題や私たちの考える展望です。

本書の「コラム」は、私たちが日々感じていること、本書執筆に際して改めて気づいたことからテーマを選定しています。また各所に示した参考文献は、より豊かな理解に役立つと思います。

なお、本書中に掲載の各事例は、プライバシーの保護に配慮しながら、事例の本質を損なわない範囲で一部加工しています。

2025年1月

中島民恵子

CONTENTS

はじめに 003

序章 中島民恵子 015

1 高齢化率とひとり暮らし率の高さ 016

(1) 高齢化の進展とひとり暮らし高齢者の増加 016

(2) ケアを必要とするひとり暮らし高齢者の状況 017

2 認知症高齢者に関する施策の展開 019

3 ひとり暮らし認知症高齢者に関する施策 023

〔コラム〕一人で抱えずにハブとして暮らしに関わる介護支援専門員 027

第1章 本人の声からみえるひとり暮らしの生活 久保田真美 029

1 ヨネさんのケース—婚約者が戦死して生涯独身だった 030

2 トミコさんのケース—がまんから解放されて「一人って気楽」と感じる現在《いま》 035

3 キミさんのケース—趣味や海外旅行を楽しむも詐欺で大金を失う 038

4 アキオさんのケース—がんばるモチベーションは「子どもたちに残したい」 041

5　スズさんのケース──定期的に子が通い、時に孫やひ孫も来る適度な忙しさ　045
〔コラム〕当事者が語ること　053

第2章　ひとり暮らしの始まりから終了までのプロセス

久保田真美　055
1　ハルさんがひとり暮らしを終えるまで　056
2　ひとり暮らしの始まりから終了までのプロセスの特性　063
（1）ひとり暮らしが始まった時期──自由な生活が心地よい　063
（2）認知症状が出現した時期──本人、周囲が変化に気づき始める　064
（3）認知症が進行して他者の手助けが必要となる時期──折り合いのつけ方が後の岐路に　066
（4）ひとり暮らしの基盤が大きく揺らぐ時期──自ら判断できず周囲が積極的に介入　067
（5）周囲が限界を感じる時期──切迫する生命や事故などの危険　070
（6）在宅が中断・終了する時期──在宅支援の限界　072
（7）多くの人がたどる道　074
3　ひとり暮らし開始時にすでに認知症が進行しているケース　075
（1）突然、夫が急逝したケース──現金や必要書類などが不明に　075

（2）がん闘病中の妻が先立ち、夫が混乱したケース──家の周りにゴミがあふれ…… 077
4 非アルツハイマー型認知症の場合 079
（1）レビー小体型認知症のケース 079
（2）前頭側頭型認知症のケース 083
〔コラム〕AIと人間 087

第3章 ひとり暮らしの生活で生じる課題とその工夫
～健康といのちに関する課題編 中島民恵子 089

1 これまでの調査研究で見えてきた健康といのちに関する課題 090
2 健康管理の乱れとその対応の工夫 092
（1）健康管理の乱れ 092
（2）健康管理の乱れへの対応の工夫 095
3 生命の安全をおびやかしうる危機とその対応の工夫 100
（1）生命の安全をおびやかしうる危機 100
（2）生命の安全をおびやかしうる危機への対応の工夫 103
〔コラム〕推しの存在 109

第4章　ひとり暮らしの生活で生じる課題とその工夫
〜本人と社会との不調和による課題編　中島民恵子　111
1　これまでの調査研究で見えてきた本人と社会との不調和に関する課題　112
2　衛生状態の乱れとその対応の工夫　114
（1）衛生状態の乱れ　114
（2）衛生状態の乱れへの対応の工夫　121
3　生活を維持する上での経済的危機とその対応の工夫　124
（1）生活を維持する上での経済的危機　124
（2）生活を維持する上での経済的危機への対応の工夫　130
4　対人関係の不調和とその対応の工夫　134
（1）対人関係の不調和　134
（2）対人関係の不調和への対応の工夫　137
5　必要な受診やサービス利用の困難とその対応の工夫　140
（1）必要な受診やサービス利用の困難　140
（2）必要な受診やサービス利用の困難への対応の工夫　142

6　ひとり暮らし認知症高齢者が直面しやすい生活課題　144
〔コラム〕ペットとひとり暮らしの高齢者　149

第5章　本人らしさの維持の模索と本人の居所との折り合い

久保田真美
中島民恵子　151
1　揺らぐ思いに支援者が寄り添い、自らの意思で入居を決めた90代女性　152
（1）ミヨさんの生活の変化と気づき　152
（2）最初の施設体験と自身の葛藤　155
（3）別の施設の見学と葛藤　159
（4）自己に折り合いをつけたミヨさんの暮らし　161
（5）事例をふり返って　162
2　定年後も非正規で働き続け、退職を機に入居した女性のやりがい　163
（1）ナツさんの退職と転居　163
（2）ナツさんの養護老人ホーム入居後の戸惑いと職員の気づき　167
（3）ナツさんの自己の存在確立―「ここは職場よ。住み込みで働いててね」　169

（4）事例をふり返って 170
3 グループホームに居所を移し、その人らしさが大切にされた女性の19年 172
（1）トミさんの入居まで 172
（2）トミさんの思い、家族の思い 173
（3）カレーの店から広がるトミさんらしい暮らし 175
（4）終末期に向かいながらのトミさんの暮らし 178
（5）事例をふり返って 179
〔コラム〕はたらくことを支える形 181
終章 久保田真美 183
1 本書をふり返って 184
2 共生社会で認知症高齢者がひとり暮らしを継続すること 186
〔コラム〕還暦式の提案 190
おわりに 192

序章

中島民恵子

ひとり暮らし認知症高齢者の在宅や地域での暮らしに焦点をあてるために、まずはその背景となる日本社会の高齢化をはじめとした人口の動態と、その状況に応じた認知症施策の経緯や現状について俯瞰します。

1 高齢化率とひとり暮らし率の高さ

(1) 高齢化の進展とひとり暮らし高齢者の増加

わが国は人口減少社会を迎えているとともに、総人口に占める65歳以上の高齢者人口の割合(以下、高齢化率)は世界で高い水準にあります。

2023年9月の高齢者人口は3623万人で、1950年以降初めて減少しました。しかし高齢化率は29・1%と過去最高で、世界に約200ある人口10万人以上の国及び地域のなかでも最高です。

特にわが国では、後期高齢者と呼ばれる75歳以上の人口が2023年に初めて2000万人を超え、総人口に占める割合は16・1%になりました。それとともに80歳以上人口は約1260万人、総人口に占める割合が初めて10%を超え、10人に1人強が80歳以上となりました(総務省統計局、2023)。高齢化率が21%を超えると超高齢社会と呼ばれますから、現在の日本は超超高齢社会というところでしょうか。

最新の国勢調査結果（2020年）によると、高齢者のうちひとり暮らし世帯は671・7万人（男性230・8万人、女性440・9万人）で、高齢者人口に占める割合は19・0％です（総務省統計局、2021）。つまり、高齢者の5人に1人弱がひとり暮らしとわかります。さらに2040年には、ひとり暮らし高齢者数が896・3万人（男性355・9万人、女性540・4万人）になると推計されています（内閣府、2023）。

加えて、男性を中心とした未婚のひとり暮らし高齢者の増加も予想されています。70代のひとり暮らし男性のうち未婚者の割合は、1985年の5・3％から2020年には34・2％に増加しています。男性ほど顕著ではないものの、70代のひとり暮らし女性のうち未婚者の割合も、1985年の4・1％から2020年は13・6％に増加しています。未婚のひとり暮らし高齢者は、ほとんどの場合、子どももいないと想定されます。また、兄弟姉妹数も減少傾向にあります。そのため一定数の人たちは、頼れる人が周りにいない「身寄りのない単身高齢者」である可能性があります。この状況は今後も増えていくと指摘されています（藤森ら、2023）。

（2）ケアを必要とするひとり暮らし高齢者の状況

2022年の国民生活基礎調査によると、ひとり暮らし高齢者の要介護度の分布は、要支援1、2が43・6％、要支援1～要介護2は79・0％を占めます。同居者（核家族世帯、三世代世帯）によるケアを受けている要介護高齢者と比較すると、軽度の割合が高く、要介護度の高いひとり暮らし高齢者は在宅にとどまるのがむずかしい、という状況がわかります。要介護5では、核家族世帯７・６％、三世代世帯７・９％に対して、ひとり暮らし世帯は３・３％です（厚生労働省、２０２３）。

また、認知症高齢者は２００８年に全国で１７０万人と報告され、２０２５年には３２３万人になると推計されていました（厚生労働省、２００７）。その後、九州大学（２０２４）による調査から、認知症高齢者数は２０３０年には５２３・１万人、２０５０年には５８６・６万人になる推計値が示されました。高齢者における認知症の年齢階級別有病率は図表１の通りで、年齢が高くなるにつれて認知症になる割合が高まります。グラフからは、90歳以上の有病率が全体（男女）では50％を超えている状況が読み取れます。

ひとり暮らし認知症高齢者の状況については、データの制約上、国が示している統計的な数値から示すことは困難です。それでも、２０２０年に中島らが行った、ひとり暮

図表1　2022-2023年調査における認知症の年齢階級別有病率

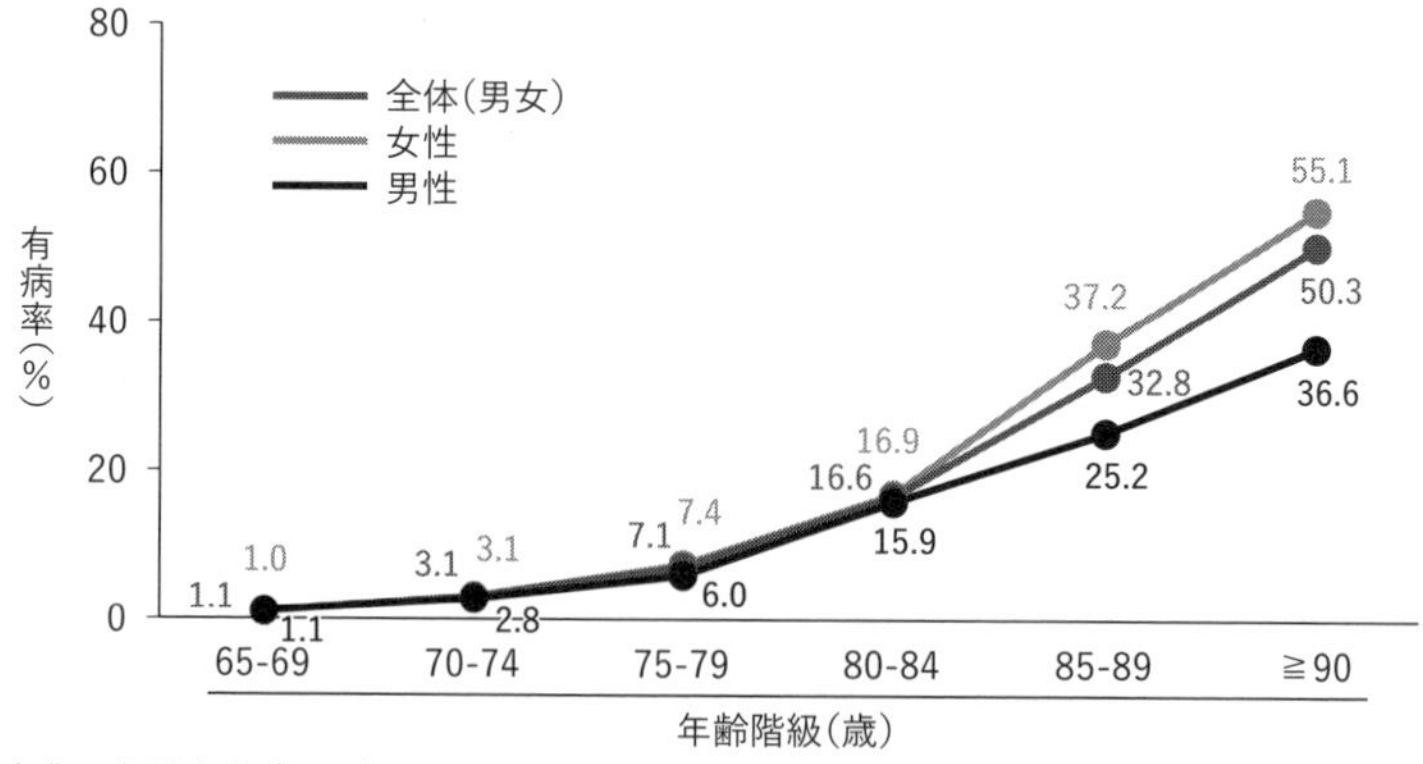

出典：九州大学（2024）より作成

らし認知症高齢者の在宅生活継続に関する調査のうち、在宅継続がむずかしくなった際の社会資源利用に関する項目から、現状の一端が読み取れます。

この調査では、民生委員やかかりつけ医、介護保険サービスなど15の社会資源をあげ、そのなかの一つの項目として家族も示しています。520事例のうち、社会資源のなかに家族が含まれない事例は119件（22・9％）でした（中島ら、2024）。介護支援専門員による支援経験のある事例を集約した内容のため、すでに介護保険制度につながっている人たちの状況ですが、ひとり暮らし認知症高齢者の5人に1人強が、身近な家族からの支援を受けずに生活していることがわかりました。

2 認知症高齢者に関する施策の展開

認知症高齢者に関する施策は1970年代後半頃から少しずつ取り組まれてきました。その過程で、認知症高齢者を取り巻く環境は大きく変化してきました。2000年には、高齢者の介護を社会全体で支え合う「介護の社会化」の仕組みとして介護保険制度が施行され、日本の高齢者福祉サービスは措置から契約へと大きく変化しました。

ここでは、介護保険制度が導入された2000年以降の認知症施策を概観します。認知症施策の概要は図表2の通りですが、このなかで、認知症施策には大きな転換点が三つあると考えます。

① 高齢者介護研究会

認知症施策の大きな転換点の一つ目は、厚生労働省老健局長の私的諮問機関として設置された高齢者介護研究会により2003年に「2015年の高齢者介護〜高齢者の尊厳を支えるケアの確立に向けて〜」が示されたことです。

ここでは、特に「認知症ケア」のあり方に力が注がれました。新しいケアモデルの確立として、認知症高齢者ケアがあげられ、「今後の高齢者介護」として、身体的ケアのみならず認知症高齢者に対応したケアを標準として位置づけていく必要性が指摘されました。これらは、グループホームや小規模多機能型居宅介護の前身といえる宅老所の実践者が真摯に認知症高齢者と向き合い、そのなかで認知症ケアの礎を築いてきた成果です。

さらにそこでは、認知症ケアの普遍化に向けて、認知症高齢者の特性に応じた新しい認知症ケアの方法論を確立し、尊厳ある暮らしの継続を支援するために必要な方策が示されました。

2004年には「痴呆」から「認知症」へ呼称が変更されました。同年、京都で開かれた「国際アルツハイマー病協会第20

図表2　2000年以降の認知症施策の概要

2000年	介護保険制度施行（認知症対応型共同生活介護の導入）
2003年	高齢者介護研究会による「2015年の高齢者介護〜高齢者の尊厳を支えるケアの確立に向けて〜」
2004年	「痴呆」から「認知症」への呼称の変更
2006年	地域密着型サービスの創設（認知症対応型通所介護の導入）
2012年	「今後の認知症施策の方向性について」報告書 認知症施策推進5か年計画（オレンジプラン）
2015年	認知症施策推進総合戦略（新オレンジプラン）
2019年	認知症施策推進大綱
2023年	共生社会の実現を推進するための認知症基本法

出典：筆者作成

回国際会議京都２００４」では、オーストラリアの認知症当事者であるクリスティーン・ブライデンさんが講演し、日本からも同じく福岡県の越智俊二さんが講演しました。本人が自らの思いを発信することにより「本人の意向にしっかりと耳を傾け軸足を置く」ことの大切さが確認された年でもありました。

２００５年の介護保険法改正時には、地域密着型サービスの創設や地域包括支援センターを中核とした総合的なマネジメント体制の構築など、地域を基盤とした施策が進められてきました。

② オレンジプランと新オレンジプラン

認知症施策の大きな転換点の二つ目は、２０１２年に厚生労働省により「認知症施策推進5か年計画（オレンジプラン）」が示され、さらに厚生労働省をはじめとした関係省庁が共同して２０１５年に「認知症施策推進総合戦略（新オレンジプラン）」が示されたことです。

ここでは、特に「認知症の人の包括的なケア体制」に力が注がれ、省庁横断で認知症の人のケアに取り組むことが明示されました。新オレンジプランでは「認知症の人の意思が尊重され、できる限り住み慣れた地域のよい環境で自分らしく暮らし続けることができる社会の実現」が提唱されています。これらは、国としての認知症施策に関する総合戦略に位置づけることができるでしょう。

２０１９年に「認知症施策推進大綱」が示されました。２０１８年12月に「認知症施策推進関係閣僚会議」が設置され、認知症に関する有識者などからの意見の聴取に加えて、認知症の人や家族をはじめとしたさまざまな関係者からの意見聴取を行って、大綱の策定作業が進められました。

同大綱の基本的な考え方として、認知症は誰もがなりうること、認知症になっても希望をもって日常生活を過ごせる社会をめざすことが示されています。主なキーワードとして「共生」と「予防」があげられています。

ここでいう「予防」とは「認知症にならない」という意味ではなく、認知症になるのを遅らせたり、認知症になっても進行を緩やかにしたりできるように、本人の生きがいや社会参加なども大切に考えていくことの必要性として示されています。

③ 共生社会を実現するための認知症基本法

認知症施策の大きな転換点の三つ目は、2023年6月に「共生社会の実現を推進するための認知症基本法（以下、認知症基本法）」が制定されたことです。同法はこれまでの流れを受けた法律で、多くの本人、家族、専門職をはじめとした関係者の貢献のもと策定されました。認知症の人の基本的人権を理念の冒頭に掲げているのが特徴です。

また同法の理念の一つとして、次のように示されています。


「認知症の人にとって日常生活又は社会生活を営む上で障壁となるものを除去することにより、全ての認知症の人が、社会の対等な構成員として、地域において安全にかつ安心して自立した日常生活を営むことができるようにするとともに、自己に直接関係する事項に関して意見を表明する機会及び社会のあらゆる分野における活動に参画する機会の確保を通じてその個性と能力を十分に発揮することができるようにすること」（認知症基本法第三条の三）

このように国としても、認知症の人が、可能な限り住み慣れた地域で、望む暮らしを人生の最期まで続けることができるように取り組むことが推進されています。

3 ひとり暮らし認知症高齢者に関する施策

前節で示した一連の施策は、ひとり暮らし認知症高齢者にも同様に取り組まれる必要があります。しかし、ひとり暮らし認知症高齢者の特徴を踏まえた具体的な施策の取り組みについては、まだ十分には言及されていません。

それぞれの資料の、ひとり暮らし認知症高齢者に関する言及の抜粋は図表3の通りです。相談、見守りの必要性、認知症の症状の特徴に応じたサービスの基盤づくりの必要性が、主な内容としてあげられています。また、介護者や身元保証を担う人の不在によって生じやすい課題について、より具体的に把握する必要性が示されています。

図表3　ひとり暮らし認知症高齢者への言及

2015年の高齢者介護

3. 新しいケアモデルの確立：痴呆性高齢者ケア（地域での早期発見、支援の仕組み）	○（略）特に独居高齢者を考えた場合には、地域での早期発見と専門家に気軽に相談しやすい体制が重要となる。そのためには、かかりつけ医等専門職が痴呆に関する知識を有していることはもちろん、地域の住民全体に痴呆に関する正しい知識と理解が浸透し、住民が「痴呆は何も特別なことではない」という意識で痴呆性高齢者と家族を支える存在となることができることが必要である。
4. サービスの質の確保と向上（サービスの選択等の支援）	○（略）サービスやその内容の選択と決定に当たって、利用者の意思が正確に反映されることが必要であるが、今後は、高齢者のみの世帯、独居の高齢者が増えていくことが考えられ、近親者等による選択・決定の支援すら受けられないケースが増えることに対応していく必要がある。

新オレンジプラン

2. 認知症の容態に応じた適時・適切な医療・介護等の提供（介護サービス基盤の整備）	○認知症の人は、その環境に応じて、居宅で家族等の介護を受け、独居であっても地域の見守り等の支援を受けながら、小規模多機能型居宅介護や定期巡回・随時対応サービスなどの訪問・通所系サービスを受けたり、認知症グループホーム（認知症対応型共同生活介護）や有料老人ホーム等における特定施設入居者生活介護などの居住系サービスを利用したり、介護保険施設に入ったりと、様々な形で介護サービスと関わりながら生活をしていくこととなる。（略）
5. 認知症の人を含む高齢者にやさしい地域づくりの推進（地域での見守り体制の整備）	○認知症の人やその家族が安心して暮らすためには、地域によるさりげない見守り体制づくりが重要であることから、独居高齢者の安全確認や行方不明者の早期発見・保護を含め、地域での見守り体制を整備する。（略）

認知症施策推進大綱

3. 医療・ケア・介護サービス・介護者への支援	【基本的考え方】 ○一人暮らしの高齢者の増加に伴い、今後一人暮らしの認知症高齢者も増加することが予想される。一人暮らしの認知症高齢者においては、介護者や身元保証人の不在のために医療・ケアの提供が困難になること、消費者被害や孤独死の危険性など含めて多くの課題が指摘されていることから、その実態を把握し、課題を整理し対応を検討するとともに、先進的な取組について事例を収集し横展開を図る。
(3) 介護サービス基盤整備・介護人材確保・介護従事者の認知症対応力向上の促進	○認知症の人は、その環境に応じて、居宅で家族等の介護を受け、独居であっても地域の見守り等の支援を受けながら、通所介護や訪問看護、短期入所生活介護、小規模多機能型居宅介護等の通所・訪問系サービスや認知症高齢者グループホーム（認知症対応型共同生活介護）、有料老人ホーム等における特定施設入居者生活介護などの居住系サービスを利用したり、介護保険施設に入ったりと、様々な形で介護サービスと関わりながら生活をしていくこととなる（略）。
5. 研究開発・産業促進・国際展開	厚労科研費：認知症施策を推進し、行政的・社会的問題を解決するための研究 ○独居認知症高齢者等を対象とした調査研究等の施策推進に必要な研究を実施

出典：「2015年の高齢者介護」「新オレンジプラン」「認知症施策推進大綱」より抜粋して筆者作成

ひとり暮らし認知症高齢者の暮らしの支援やケアについては、今後さらに多くの人たちが考えていくべきテーマであることが、ここからもわかります。

参考文献

栗田主一（２０２０）「一人暮らし、認知症、社会的孤立」『老年精神医学雑誌』31（５）４５１～４５９
高齢者介護研究会（２００３）「２０１５年の高齢者介護～高齢者の尊厳を支えるケアの確立に向けて～」
https://www.mhlw.go.jp/topics/kaigo/kentou/15kourei/index.html（２０２４年12月10日閲覧）
藤森克彦・中島民恵子他（２０２３）「Theme1　身寄りのない単身高齢者の人生の最終段階にどう向き合うか」日本福祉大学地域ケア研究推進センター編『「０から１００歳の地域包括ケア」への挑戦　大学と地域の協働研究』大学図書出版30～67
厚生労働省（２００７）「我が国の保健医療の現状と課題」『厚生労働白書』33～35
厚生労働省（２０１２）「認知症施策推進５か年計画（オレンジプラン）」（平成25年度から29年度までの計画）
https://www.mhlw.go.jp/stf/houdou/2r9852000002j8dh-att/2r9852000002j8ey.pdf（２０２４年12月10日閲覧）
厚生労働省（２０１５）「認知症施策推進総合戦略（新オレンジプラン）の概要」
https://www.mhlw.go.jp/file/06-Seisakujouhou-12300000-Roukenkyoku/nop1-2_3.pdf（２０２４年12月10日閲覧）
厚生労働省（２０２３）「２０２２（令和４）年　国民生活基礎調査の概況」22
https://www.mhlw.go.jp/toukei/saikin/hw/k-tyosa/k-tyosa22/dl/14.pdf（２０２４年12月10日閲覧）
九州大学（２０２４）「認知症及び軽度認知障害の有病率調査並びに将来推計に関する研究報告書」
内閣府（２０２３）「令和５年版高齢社会白書」
https://www8.cao.go.jp/kourei/whitepaper/w-2023/zenbun/pdf/1s1s_03.pdf（２０２４年12月10日閲覧）
中島民恵子・杉山京（２０２４）「独居認知症高齢者の在宅生活中断までに利用した社会資源の類型とその特徴」『高齢者のケアと行動科学』29　44～52

認知症施策推進関係閣僚会議（２０１９）「認知症施策推進大綱」https://www.mhlw.go.jp/content/000522832.pdf
総務省統計局（２０２１）「令和２年国勢調査人口等基本集計結果　結果の概要」41
https://www.stat.go.jp/data/kokusei/2020/kekka/pdf/outline_01.pdf（２０２４年12月10日閲覧）
総務省統計局（２０２３）「統計トピックス№１３８　統計からみた我が国の高齢者―「敬老の日」にちなんで―」
https://www.stat.go.jp/data/topics/pdf/topics138.pdf（２０２４年12月10日閲覧）
高齢者介護研究会（２００３）「２０１５年の高齢者介護～高齢者の尊厳を支えるケアの確立に向けて～」
https://www.mhlw.go.jp/topics/kaigo/kentou/15kourei/3.html（２０２４年12月10日閲覧）
認知症施策推進関係閣僚会議（２０１９）「認知症施策推進大綱」
https://www.mhlw.go.jp/content/000522832.pdf（２０２４年12月10日閲覧）

一人で抱えずにハブとして暮らしに関わる介護支援専門員

ひとり暮らし認知症高齢者が生活していく上で、介護支援専門員は、本人の暮らしのケアマネジメント全般を担う役割を果たしています。しかし、介護支援専門員は24時間の支援を行えるわけではないため、一人で抱え込まないことが重要です。その際、認知症の症状がゆえに起こりうるひとり歩きや突発的なことがらを、ある程度踏まえた支援の体制を整えることがポイントとなります。

ひとり暮らし認知症高齢者の生活は介護保険のサービスだけではカバーしきれないことが多く、介護支援専門員は、可能ならば本人に関わるすべての人を味方につけたい、という意気込みで関わりをもちます。たとえば、ひとり歩きがある人について、警察や行政の安全課のような部署、民生委員などに起こりうる事態を伝えておけば、いざというとき、すぐにいっしょに動いてもらえる可能性が高まります。また近所の人にも、気になることなどがあれば介護支援専門員に声をかけてもらうよう伝えることで、本人の安心感につながる可能性があります。

介護保険制度のなかで動いている専門職であれば、互いの立ち位置や役割を理解し合っているため、通常の連絡体制や担当者会議などで情報の共有ができます。一方、近隣の住民や知人など本人の暮らしにより近い人たちは、関わり方や生じたことから不安が強まることもあり、それが批判につながることもありえます。善意で関わっても、うまくいかないこともあります。

たとえば、ひとり暮らし認知症高齢者の場合、1日3食の食事をすべてつくれないことはよくあり、見かねた近所の人から惣菜が届くこともあります。とてもありがたいことですが、関わる人がいないときに置かれていると、いつのものかわからず、腐ってしまうこともありえます。

そうしたことを防ぐためには、いつ届けてもらったのかがわかるメモをいっしょにつけてもらうなどの方法もあります。

そのほか、本人も読むことを想定したすべての関係者との情報共有ノートをつくったり、ＳＮＳグループを作成したりしてやりとりするなどの工夫も考えられます。

介護支援専門員ができる限りのケースを想定して生じうる事態を伝えていても、それ以外のことが起きたときに、戸惑い、動き方がわからなくなる場合もあります。そのときは、とにかく介護支援専門員に連絡するよう日頃から徹底し、情報の共有を図っていくのがよいでしょう。

介護支援専門員は、ひとり暮らし認知症高齢者の暮らしを支えるハブ（要）として、常にタイムリーな情報が必要です。関係者同士のやりとりで完結したとしても、それを全体で共有すれば、次はこうしたほうがよいなど折に触れて話せます。こうした情報共有ができることも大事なことでしょう。

（中島民恵子）

第1章

本人の声からみえる ひとり暮らしの生活

久保田真美

ひとり暮らし認知症高齢者の生活について、支援者や近隣住民の声はよく聞きますが、肝心の本人の声はなかなか公になっていないのではないでしょうか。筆者が最初にひとり暮らし認知症高齢者の体験や思いに関心を寄せインタビューを実施したのは2008年、修士論文のデータ収集のときでした。この時期は、2000年に介護保険制度が開始され、2004年に呼称が「痴呆症」から「認知症」へと変更になり、2005年に地域包括支援センターの設置が定められてから少し経過した頃でした。

当時は、認知症高齢者本人にインタビューをすること自体に懐疑的な意見も少なくありませんでした。ただ、そのときにインタビューした本人の言葉の数々には大変重みがあり、その後の筆者の臨床や研究の原点になっています。そのときの声を一部紹介します。

1

ヨネさんのケース――婚約者が戦死して生涯独身だった

ヨネさん（仮名・当時90代・女性）は結婚歴がなく、生涯独身でした。要介護1で、訪問介護を週に1回、訪問看護を2週に1回利用していました。

▼信じられずにずっと待っていた

若い頃には婚約者がいましたが、海軍に行きそのまま帰らぬ人となりました。

「私はずっと待っていたんです。お骨が帰ってきたわけでもないし、信じられなかったんです。母親や周りのおばさんとかから『もうその人は帰ってこないんやから』、ってお見合いとかをすすめられたんですけどね、『いやや、あの人じゃないといやや』って、それで、誰とも結婚しなくてずっと一人です。さびしいですよ。寝しな、寝るときでも、何か楽しいことでも誰かおれば話ができるのにね、そりゃ、さびしいのはね、でもね、一人の人は、みなおんなじだと思うんですよね、さびしいですよ」

兄弟姉妹もなく一人っ子でしたが、従姉の娘がヨネさんを気にかけていました。

「いとこのキヨ（仮名）さんがね、『私が亡くなったら、ヨネさんを見てあげてほしい』って子どもに頼んでくれてね。それでずっと来てくれて、私はほとんど家事もせずに人に任せてのんきに暮らしてるの」

会話の節々に「さびしい」と……

ヨネさんは明るく話していましたが、会話の節々に「さびしい」の訴えがありました。外出について尋ねたときにも、次のように話していました。

「正月に2回ほど転んで病院に行って入院もしたんですよ。そんなんもあって、（外へ）行きたいんですけど、またこけたら迷惑をかけるし、行かないでおるんです、やっぱり一人はさびしいですし、ほんとに寝るときが一番ちょっと不安もあるしね。いつなんどき何かあったらどうしようとかね。でもまあ自業自得だから仕方ない。自分で選んだ道やしね」

「カタログ見て何でも取り寄せられるから不便はしていないんですよ……。でもしょっちゅう、何かして、ふとしたらさびしいなあって。これは心の問題やから、心が病むいうほど、大層なことではないんだけど、さびしいなって思います」

火の不始末などの話になったときも、次のように話して軽く笑っていました。

「戸締りとかそういうことは自分がまだ気をつけてやっとうしね。そういうことよりもふと何かにぎやかな家族のいるとこと比べたら、さびしいなって思うけど、これはもう自分がしたことやからしょうがないと思って。あきらめているから大丈夫ですよ」

もの忘れは自覚

ヨネさん自身、もの忘れを自覚していました。

「ちょっとボケてきたんかなって思いますよ。よく忘れるから。パッと何気なくね、しまい込んだの忘れるね。ほんでふっと思い出せたらいいけど、あら、あれどこに置いたのかしら。思ったらそれが出てくるまで、ちょっと不安です、ま、みなさんもそんな感じあるでしょうけど。その度合いが前のときに比べたら、多くなってきたわけね。年とってきてからね、よう忘れるね」

ヨネさんは、郵便局に勤め続けたまじめな人でした。

「昭和20何年頃やったかは忘れたけど、就職の面接で内勤ですか？外勤ですか？って聞かれて、私は内気やったから、内勤希望して……。それで、30年間お勤めして。わりに苦しいこともなく過ごせましたんで。自分にとってはいい職場だったと思うからね。私は昔のお友達のこと思うけど、みなさんやっぱり、忙しいからかな……、お便りもやっぱり年賀状くらいしかこないけど、うーんまああ幸せなほうやね」

そう言って数回自身で頷いていました。

感謝して死ねたら幸せと……

今後のことを聞いた際は、次のような話でした。

「ほんとにね、親戚が来てくれるのありがたいって思っているんですよ。感謝はね、あまり言うと口先だけになるし、ある程度ね、死に際は自分が思っている感謝の言葉をね、いっぱい言えるようになって死んだら幸せやなあって思ってる。ちょっと前にある人にね『あんたはもう、最期、かわいそうで見とられへん』なんて言われたけど、いま、私ね、自分は幸せなほうやなと思っとるんです。心打ち明けてお話できる人もおってくれるし、よく注意してくれたりね、その言葉も親身にしてくれてるからありがたいなと思います」

入院経験のあるヨネさんは自分の将来をイメージしていました。

「ああいう、あのう、地域でお年寄りが集まって、みなさんがお遊戯みたいなのをしてるでしょう。ああいうのに私は入っていけるかなと思って……。お年寄りのみなさんと遊んだりするよりかは、本

まやったら自分の好きなことができるからまあまあ楽しいとは思うんです」

のがいややないんですけど私自身が不器用やから、みなさんと同じようなことができるかどうか、い

も読めますし、これしたいと思うたらできますし、それがいいですよね。いや、人といっしょにおる

過去、現在、未来へ

ヨネさんは、話題を変えてもすぐに「自分はさびしいんだ」という訴えになっていました。しかし、自分自身が選んだ道なのだからと受け止め、過去の楽しかった思い出も大事にしていました。そして現在、自分のことを気にかけ手伝いに来る親戚をはじめ、これまで世話になった人への感謝の気持ちも聞かれました。

「認知症の人は、過去を忘れ、未来のことまでも考えられない。いま、そのときだけを生きている」という声を耳にします。しかしヨネさんは、しっかりと過去の自分の人生をふり返り、そして現在のさびしいという気持ちを口に出したり施設に入った自分をイメージしたりしていて、自分の性格だと知らない人たちの輪に入れないかもしれないなどと具体的な理由も語っていました。

それは、ヨネさんが決して現在《いま》だけを生きているのではなく、過去、現在、未来へとつながっていることを示していました。

2 トミコさんのケース——
がまんから解放されて「一人って気楽」と感じる現在《いま》

トミコさん（仮名・当時80代・女性）は、5年前に夫が亡くなってからひとり暮らしになりました。子どもはなく、長い間夫婦のみの生活を送っていました。夫は軍人で、きびしい人だったそうです。そのせいか、トミコさんの口から「さびしい」の言葉は一度も聞かれませんでした。

▼絶対服従を求めた夫

トミコさんは自身について、「私ね、終戦直後に結婚したんですよ」と話し始めました。夫の人物像について、表情や口調を変えることもなく、淡々とした話が続きました。

「（夫は）戦争中、職業軍人ではなくてね、終戦のときは大尉でした。でもね、恩給がないんですよ。お金に縁がない人でね。陸軍の監督下やいうて工場や会社を監督して回るね、あの時分は軍事下になるからね、会社とかが。そいだから、社長さんとか偉い人がペコペコしてそういう仕事をしてたもんだから、それで終戦になって内地の会社に一番下から働くというあれがなかったからね」

その後、夫の仕事や家での苦労話が続きました。

「全然家風が違うのよね。私にも絶対服従を求めてね。間違ってるって思ってもね、批判しないで、まあそれだけ主人をたてるというかね、そういう賢い女の人が好きなのよね。そいでも私にはそういう賢さがなかったからね」

話を続けるトミコさんは、ときどき遠いところを見つめているかのようでした。

「主人にさんざん『お前はどんな教育を受けたんだ』って言われて、こっちが悪くなくてもごめんなさいってほんまにね。いまの時代の人だったらだめだったと思うけどね」

さびしくないかと尋ねると、次のような話でした。

「うーん、あのね、一人って気楽なのよ。喧嘩することもないしね、叱られることもないしね。（夫が）なかなかきびしい人やったから」

大きな一軒家で不安やさびしさはないのか、逆に不思議でもありました。

「なんかね、物売りというか人が来はるけど、だいたい断るんですよ。そいでもね、この間『天井見せてください』って上がってきて、ほんで『ここんとこ修理したほうがいいですよ』って言うから、私そんなんわからへんし、『ちょっと詳しい人に相談します』って言うて、そんときは帰ったんよ。ほいで近くに住む佐藤さん（仮名）の御主人に見てもらってなんともない、修理なんかいらんて言われとったから、そのままにしとったら、また来てねえ。やから『ああ、そこの佐藤さんに見てもらって大丈夫やって言われました』って（その業者の人に）言うたら、あとになって佐藤さんの奥さんから電話かかってきて『あんた、他人《ひと》の名前出すことないでしょう。あんな怖い人たちになんで名前言うの。商売の妨害やって言われた』って言うのよ。私もそんなことになるなんて思いもせんかった。そんなこともあったんけどな」

平凡な生活がしたかった

トミコさんはあるとき、友人が入居している有料老人ホームに遊びに行ったそうです。

「桜がいっぱいあって、部屋は全部電気でね、火事を出さんようになってて、そいでお炊事もできるし食堂で食べることもできる。ほんで自由にね外出できるし、その人はダンスにも行ってた」

そういうところに入りたいとは思わないのか尋ねてみました。「思わない」と即答でした。

「（そのホームは）病室と違って眺めがいいし、事務室とかもあって、小包も預かってくれるしね、1日1回（職員が）回ってくれるしね、死んだらお葬式もそこがやってくれる。そんでもね、いやあ、あのね、ぼろでもね、よっぽどここが生活するのに自分が耐えられないようなね、ことがあったらマンションかアパートかに移るかしらんけど、この庭があってね、つつましくても（ここでの）生活がいい。姉は、何度も別れなさいって言いおったんよ。母親も帰っておいでって言ってくれてたけど、そんなことできないわね。私、結婚するときからね、地位や名誉やお金ね、そんなんよりも平凡な生活がしたいと思っていたからね」

そう言ったトミコさんは庭に目をやったあと、じっと筆者の目を見て頷いていました。

がまんから解放された現在《いま》

トミコさんの話からは、亭主関白のきびしい夫といっしょになり、ひたすらがまんしていたことや実家の家族が心配していたこと、それでも離婚せずに結婚生活を送り、夫を看取って一人になったいま現在、安定していることが伝わってきました。

トミコさんは自分のもの忘れや老いの変化を感じつつも、ヘルパーを受け入れ、自分で生活に工夫をこらしながら日々を生きていました。

3 キミさんのケース──趣味や海外旅行を楽しむも詐欺で大金を失う

キミさん（仮名・当時90代・女性）は、アルツハイマー型認知症です。HDS-R（改訂長谷川式簡易知能評価）は15点、要介護1です。60代のときに夫が他界してから、ずっとひとり暮らしです。

明るく社交的な人柄

明るく社交的で、初対面にもかかわらず1時間以上話を聞くことができました。

「私、一人になってからは、あっちこっちたくさん旅行に行ったよ。ヨーロッパもドイツのロマンチック街道をね、車でずっと南におりてね、スイスのほうに行ってんよ。習いごともいっぱいした。ダンスもね、ラテンもモダンもできるよ。あんた、できる?」

若かった頃のことを話すキミさんは、こんな口調でした。

仲よしの友達の話をしたときのことでした。

「いっしょにあちこち行きおったんやけどな、施設に入ることになったっていうて、1回は会いに行ったんやで。けど、そのあと連絡してもつながらなくなってもうたわ。どないしてるんやろう。さびしい、さびしい。友達もどんどん減っていく」

また、自分より10歳以上若い人の行動が変化してきた話も聞かれました。

「夜に突然来て、ビシャビシャのそうめんをビニール袋に入れたものを『これあげるわ』言うて……。話しても、何言うてんのやろうって思うことも何回もあったし、あの人、絶対おかしくなっとる。でもな、人のことは言えないわ」

▼詐欺にあって……

キミさんには数々の趣味がありました。株も長年の趣味で、ノートには定規を使っててていねいに表を作成し、日々の株の変動や計算を鉛筆で記録していました。しかし、ある日詐欺にあい、大金を失った経験がありました。キミさんはそのときのことを鮮明に覚えていました。

「恥ずかしいこともあったんやで……。『金《きん》を買ってください』って男の人が来て話聞きおって、私は買うなんて言ってないのにね。すぐに（銀行に）行ったんやないんよ。何日かして、その人、もう1回来てね、『いま、これの配当がこうでいいですよ』って上がって説明してくれて、どないしょうかな、思ったけど、『いいですよ』って言うから、私もあほか、人がよすぎるんかな、『ほんなら出しに行く』って言うてもうて、その人がついてきて……。でも車のなかでもずっとおかしいなって思っていたんよ」

あとで知ったキミさんの娘は警察と銀行に出向きましたが、失った300万円が戻ってくることはありませんでした。家族会議をしたときに、キミさんは通帳や書類などの大事な物を娘に渡したそうです。

「通帳を見て、思ったわ。このときがボケの始まりやって。子どもたちにも怒られたし、心配かけたなって思う。いま、週に2回、集まるところ（デイサービス）に行ってるけど、私は行って帰るんやけど、帰らずにずっとおる人もいる。もうそのなかで生活してるんやな。私もいずれはそういうところに入らなあかんのやなって思うよ」

▼「ところであんた誰？」とも……

キミさんは話の間も、ときどき筆者の顔を見て「で？　ところであんた誰やったけ？　なんの人？　学生さん？」と質問したり、最初の自己紹介で渡した名刺を何度も探したりしていました。

それでも、自身が経験したことや思ったことを話すときはしっかりとした様子でした。明治に生まれて、戦前戦時中と過酷な時代を生き、子育てを終え、夫に先立たれた60代。その後、趣味や海外旅行などを楽しんだ日々。そして現在、友人をなくしていくさびしさやしっかりしようという強い意識、弱っていく自分も認めつつ、家族の助言やサービスを受け入れながら、キミさんはいつの日か施設に入所するという未来も想定していました。

4
アキオさんのケース——
がんばるモチベーションは「子どもたちに残したい」

アキオさん（仮名・当時90代・男性）は5年前に妻を亡くし、その後ひとり暮らしをしています。近所に住む娘が週に1回は様子を見に訪れます。ヘルパーのほかに、私費で家政婦も利用していました。担当の介護支援専門員からは「インテリで、上品なジェントルマンよ」と紹介を受けました。

▼妻と海外をめぐった日々

アキオさんが住む地域は、地元で「高級住宅地」「お金持ちが多い地域」などと称されています。大きな一軒家が並ぶ一角に、アキオさんが住む洋風モダンの家がありました。室内はきれいに片づいていて、壁には風景画や夫妻の写真が飾られていました。本棚には「文芸春秋」誌や「世界の車窓から」のDVDシリーズがきれいに並んでいました。

妻の話を始めたアキオさんは、ときどき目を潤ませていました。

「妻は私の誕生日に亡くなったんです。5年前……、さびしいですよ。二人で海外によく行きました。ツアーでしたけどね。家内がね、スケールの大きいグランドキャニオンとかそういうところが好きやから。あの、カナディアンロッキーね、あれはよろしいわ。ヨーロッパではスイスアルプスがよろしいよ。山を3000メートルほど上がって、ちょっと空気が希薄で、はぁはぁ言うとったね。家内は中国も行きたい言うので万里の長城にも行きました」

アキオさんの海外旅行の話はしばらく続き、会話のなかでヨーロッパの国名や観光名所がいくつも出てきました。一人になったいまは海外旅行に行かず、家で海外のDVDを見ている時間が好きなようです。DVDデッキには「DVDを見るとき　①電源を入れる②OPENのボタンを押す」とマジックで手順を書いた紙が、ボタンには番号のシールが、それぞれ貼ってありました。娘の配慮でしょう。

ボケないためにとテニスも続ける

自身のもの忘れについては、次のような説明でした。

「もの忘れというかね、メガネがどっかにいってしまうっていうのが多いね（笑）。あの、置き忘れ。それとね、だんだんと、どう言うたらいいんかな。だんだんと計画性っていうのかそういうのができなくなって、断片的になってきたっていうんかな。買い物でもメモを書いて印つけないと忘れてしまうってことになるからね。自分は記憶がええからって思いおったけど、もうだめですな。情けないです」

一瞬さびしそうな表情を見せたものの、すぐにきりりとした表情に変わります。

「工夫ね、そりゃ、やっぱり手を使うようにしているし、頭使うね。朝は新聞読むし雑誌読んでね。それで刺激受けて、世の中についていかなあかんし、そやけどボケるいうのは、脳の働きが悪くなるんでしょ。方法としては運動も必要やと思うんですよね」

そして、現在もテニスを続けていることや仲間に感謝している話などが続きました。

娘による早めの対策がここかしこに

アキオさんは自炊もしていました。

「火はね、子どもがあのう、電気にしないとガスは忘れたら大ごとやって。電気は装置がついとるから、自動的に消えるからね。やからもう電気にしてるんですよ」

電気への切り替えだけでなく、アキオさんの家にはセキュリティシステムもついていました。

「熱出すと不安なんで、それかといって娘に連絡するとかはね。セキュリティになっているから、ボタンを押したら人が来るようになっている。セットしとかないといけないですけど。防犯が主体なんですけどね。夜に誰か入ってきたら警報が鳴って、僕がアレ（契約）しているところが電話してくる。防犯からいえば、防犯カメラも設置している。ボタンを押したら（戸締りを忘れていても）どこが開いとるかも教えてくれる、そういう装置がついとるんです」

話の節々から、心配した娘による早めの対策や、夫婦仲睦まじかった日々の様子がうかがえました。

その後、趣味の話のときでした。

「家内は人気もありましたよ、テニス仲間ともね、そして俳句もしていました。まああの、いろんなことやってたんです。ダンスもやりましたよ。これが家内」

アキオさんが手にした写真には、ドレス姿の妻とともにタキシードのような衣装を身につけたアキオさんが写っていました。

多少は子どもたちにも残したい

愛読書と言いながら、当時のベストセラーともなった『おひとりさまの老後』（上野千鶴子著、文藝春秋、２０１１年）を示し、最後は笑顔で頷いていました。

「結局ね、老人ホームに入ったらね、ほとんど最初に払ってしまいますよね、５０００万とか６０００万とか必要なところもあるでしょ。そうするとまあ、いろいろしてくれるからええようやけど、やっぱし、多少は子どもたちにもやらんといかんと思うしね。がんばってですね。努力してます」

アキオさんが語った話には終始、妻への慈しみや尊敬、感謝、さびしさなどの感情が含まれていました。子どもも独立して二人の生活になり、定年後は海外を旅して感動や喜びを共有してきたのでしょう。妻に先立たれたさびしさを感じ、自らの認知機能の低下を感じながらも、必要な支援を受け、社会との交流の場にも参加し続けていました。その前向きな姿勢には、いまは亡き最愛の妻の存在を傍らに感じ、「妻に恥じることのない自分でありたい」という思いがあるのかもしれません。

5 スズさんのケース――定期的に子が通い、時に孫やひ孫も来る適度な忙しさ

スズさん（仮名・当時80代後半・女性）は、オートロックつきのマンションに一人で住んでいました。担当の介護支援専門員から「最近は、オートロックを開けるのもむずかしくなってきたのかな。以前はパパッと開けてくれていたけど、なかなか開かないなあって思うこともあるし、降りてきたこともあったから……」と説明がありました。

▼孫やひ孫でにぎやかに

スズさんのマンションの部屋はこぢんまりとしていました。カーペットや壁は淡いブルーやベージュが基調で、木目の家具が配置され、棚には小さな子どもたちの笑顔が詰まった写真がたくさん飾ってありました。恥ずかしがり屋なのか、うつむき加減ではにかんだスズさんの表情が印象的でした。

スズさんは、3年前に夫を亡くしてから、ひとり暮らしの生活になりました。娘が二人いて、近くに住んでいる娘は、仕事帰りにスズさんの家に寄って晩ごはんをいっしょに食べるそうです。

「娘、あのう、毎日顔を見せには来るんですよ。会社の帰りにね、そしたらなんか忙しくなったからね、あのう10時過ぎな、帰ってこないことがありますけどね、でも食事もせんと。そやから私もこのごろ夜の食事はそんなんなってしまってますけど。いっしょに食べたほうがおいしい、帰ってきてねって。ご飯だけ炊いてくれたらええわって（娘が）言うて、そしたらね、お店開いてますでしょう、ちょうど会社9時までして、9時まで開いてるとこの店見つけて、毎日、一応あのう、献立を娘が自分で考えてごはんの支度もしてくれる。ご飯だけ炊いとったらそれでええよ言うて。ほんでももの忘れがひどいから、何をしようと思うたんかしら、自分で用意しおって、私これ、なんに使うつもりやったかしら、そんなとこです」

台所の電子レンジには、よく使うボタン三つくらいに番号が貼られていました。おそらくは、電話をかけた娘が電子レンジの使い方をそのつど説明しているのでしょう。

また、以前は友人と喫茶店でモーニングを食べていたそうです。

「朝はもうパンでね。アレしてんですけど。ときどきね、朝のあるなんとかいう、パンと紅茶と何かアレ（モーニングセット?）に行って、それも友達がね、『行こう』って言うて、話し相手や、でももう生きとってないようになって、私も行かんようになったんよ」

スズさんに、ひとり暮らしのさびしさを尋ねると、孫やひ孫の話が返ってきました。

「さびしくない？　う～んあのね、ちっちゃいの（ひ孫）ができてからね、にぎやかになった。毎日笑いとアレで、にぎやか……。おばあちゃーんって言うてね、もう誕生日前に歩きました。……私、娘が二人。孫二人ずつ。ひ孫は（長女の娘二人に男の子と女の子の）一人ずつおって、ほいで2年たって、先に女の子を産んだ孫が『私も男の子がほしい、（男の子を）産む』言うて、あはは、ほいで去年の春に（男の子が）生まれて、今11か月ですかね。最初に男の子を産んだほうの孫も7月に女の子を産んで……。（ひ孫の）上の子たちはまる3歳だからよくしゃべって……。だからうちの娘は去年、自分の孫がいっぺんに二人増えたんよ。友達からも『あんたんとこにぎやかやな』って……」

スズさんは、複数の家族写真や結婚式の写真、幼い子どもの写真を指さして、時に目を細めていました。

悲しみが同じときならいいが……

夫が亡くなったことについて聞きました。

「悲しんどる暇はないの。忙しくて、うん、よかったでしょう。でもね、お友達はね、みな次々亡くなってやから。私がさびしいの。主人が入院してて、お友達のほうが電話くださったりするでしょう。そしたら、電話くださる方がどんどん亡くなるでしょう。『（……さんが）亡くなったらしいよ』って言って、そんな（報告の）電話もういらんわ思うて、もうね……。

友達はね、どう言ったらいいのかな、悲しみが同じときならいいっていうか、こっち主人が亡くなって向こうは元気やったりすると、うん、お互いにね、どう返したらいいやらもあってね、連絡もあまりね」

スズさんが表現した「悲しみが同じときならいい」という言葉には、大変重みがありました。スズさん自身、夫の入院生活が長く、不安な時期、別れの時期、新しい命の誕生……、ここ数年はさまざまな出来事があったことでしょう。家族が共有できる「感情」と、たとえ友人であれ、そのときの状況によっては複雑な心境になり、感情共有には限界があることが示唆されていました。

2回迷子になって……

スズさんのテーブルに、鍵とマスコットがついた携帯電話が置いてありました。

「これね、向こうからだけ来るの、連絡がね。持たされてね。いったいどこにいるのって言うから。(自分では)使われへんのそれが。もうわからなくて、どこをどう押したらいいかわからない。どこにいるかわからんとき、鳴ったら聞こえたら、こちらでとるからね、私、あのう2回迷子になったから。ほいで」

そして、スズさんは迷子になったエピソードを話し始めました。

「駅のところでしばらく待ってたんよ。(娘が)帰って来たらわかると思って。そしたら真っ暗になって、そいで(場所)知ってるからね、中学校のところからもうちょっと行って上がれば、それが暗いから書いとるのがわからないでしょ。暗くて。他の人に聞こうと思うてね、あのう、女の人を捕まえてね、でも住所もわからない。娘のね。ほいたらどうしようかしら思うて、ずんずん暗くなるしね。あの、まだ寒いときやったからね。ほんで、交番がある、そばにあるはずなのにね。それも見つからないの。あそこ、地下へ降りる道があるでしょう。あれは通られへんしね。そいで、もうどうしようかなって思いおったら、家のほうでも大騒ぎしおったらしい。お母さん、携帯持ってないしって。いつもの道っていってもよう似た道がいっぱいあるんですよ。交番の場所は最初に教えてもろうてたのにその場所もわからないし、ナニ（お祭りを）してるからだいたいわかるんだけど、肝心の行く道がね。同じような道なのに、建物も違うし色もわからん。もう笑い話やわ」

そのときの状況を思い出して感情が込み上げてきたのか、スズさんの話は止まることなく、時に不安の表情や照れ笑いがくり返されました。結局、最後は娘を乗せたパトカーがスズさんの近くに現れたようでした。

「パトカー、巡回の車ね、警察の。そこに上の娘がいっしょに乗ってね。『お母さん、もうどこをうろうろしおったん。もう』ってね、でね、署名、名前書いて名前だけやなくて、印鑑持っていないから、指紋押す、とられて、『お母さん、もう私、なんにも悪いことしとらせんのに、こんなん（指紋）とることないのに、こんなんまでとられたんよ』言うから、そいで『もう絶対一人で遠出したらあかんよ』って」

「8時くらいに暗くなって、10時くらいになって、街灯もないしね、真っ暗。お寺に入り込もうかなと思ったり、それで、川があって、あ、同じ川、この川のちょっと入ったとこや思うて、書いた紙を見ようと思っても見えないし、あれ、緑内障で見えなくなってきおるし『一人で出なさんなよ』言われた。なんか、心配かけてね、それでも私、これ（携帯電話）の使い方わからないし。これを押したら通じるのよね、こっちからかけるのできないようになってん。これを持たないと外へ出られんように、この鍵をここにね」

心配した娘が携帯電話に鍵をつけたのでしょう。この迷子の体験はスズさんの記憶に深く刻まれ、同時に心配をかけた心苦しさや家族の愛情も深く感じる出来事だったのではないでしょうか。

スズさんにとってのちょうどいい距離感

最後にスズさんに、今後もひとり暮らしをしたいのか、娘といっしょに住む話はしないのかを尋ねました。

「(ひとり暮らしを) したいね。いっしょに住んだらしんどいもんね。(いっしょに住もうかと) 言ってはくれるけどね。あのう、いま孫がね、今年の秋に結婚するんですよね、結婚式でね、そいで『いっしょにズーちゃま、見に来てよ』って孫が言うてね、衣装合わせに行ったときにね、いっしょに見てえって言うて、かわいいよ。ほんま、『もうおばすて山に行きましょう』とかいう年やのに」

スズさんは、娘といっしょに住んだらしんどいという具体的な理由は語りませんでした。しかし、毎晩娘が通って来て、孫に慕われて、時には大勢で集まるこの距離感や関係性が、スズさんにとってはベストな生活だろうと感じました。

スズさんのカレンダーには、日付の入った薬が貼ってあります。荒ゴミの日と生ゴミの日には色マジックで印が入っています。さらに、ゴミ箱のフタにもマジックで「荒ゴミ」「生ゴミ」と書いた紙、それぞれの曜日を書いた紙が張ってありました。

「（薬は）よく残ったりね、どっかで間違ってることもある。先生には、（間違えたことは）言わない。あはは。（洗濯は）ちょっとやからね、自分でしてる。洗濯機でね、そいでどこまで洗ったかわからんようになってね、2回洗っとる」

スズさんは日常の生活について、自分のできないことを伝えながら、時に笑って話します。途中で言葉が出づらいこともありました。

「私、こんなんして話しおってもね、頭のほうが先に言うことが決まってしまったら、そこで詰まっちゃうんですねん。前のね、話の続き、どないなるんやったかなってね。そいで早くしゃべろう、早くしゃべろうって……」

そう言いながらもスズさんは、伝えようと話し続けました。

スズさんは認知機能が低下して、生活に支障があるものの、家族やヘルパーの支援を拒否することなく受けていました。洗濯やゴミ出し、米を炊くなど自分でできることをしながら、できない部分を手伝ってもらい、もしくは確認してもらい、迷子や火事などリスクにつながることを回避するように工夫もしていました。

スズさんの話や生活状況は、「認知症が進行しても家族の理解や本人の受け止めや姿勢次第でひとり暮らしは継続可能だ」ということを示しているように思えました。

インタビューに協力を得た当事者には、いずれも戦争を体験しているという時代背景の影響もあるのでしょうか、共通して根底にある人間的な強さが漂っていました。これまでの人生をふり返って語れる力があり、人生の思い出を大切にしていました。

そして「さびしい」「不安」などのネガティブな感情と「自由だ」「気兼ねしない」という快適さ、周りの人や家族に対する感謝の気持ちなどが混在するなか、ひとり暮らしを継続していました。記憶力の低下などを自覚して、時に失敗をしてしまった自分自身を恥じたり情けないと落ち込んだりしつつも、再度前を向き、「しっかりしよう」と自身に言い聞かせていました。

なお、紹介した当事者は比較的軽度の人たちです。少し症状が進行していても、頻回に訪問する娘らが近くに住んでいるケースなどでした。そしてインタビューした当時は、精神的に安定している時期だったともいえます。

引用文献

久保田真美「独居認知症高齢者が語る生活体験と感情～本人と介護支援専門員の語りから～」神戸市看護大学大学院博士前期課程、2009年度修士論文（指導教員　高山成子）

COLUMN

当事者が語ること

近年は認知症当事者の人たちが集いの場や講演会で自らの思いを発信する時代です。認知症施策推進大綱、認知症基本法でも「当事者発信」に重点を置き、当事者がマイクを持って自身の体験や思いを伝える機会も確実に増えているように見受けます。

私はこれまで、当事者の話を聞くなかで、どんな教科書あるいは専門家や学識者の話よりも当事者の体験に勝るものはない、とその内容に重みを感じてきました。

ただ昨今、疑問に思う場面もありました。

アルツハイマー型認知症と診断されたケイさん（仮名）は、当時勤務していた職場の上司からひどい対応を受け退職に追い込まれました。そのときの状況を説明して「殺したいと本気で思った」と険しい表情で伝えていました。その話を聞いた人たちは、私を含め、場面を想像しながら「なんてひどい話だ」と憤りを感じたことと思います。

その後、違う地域の集会でもケイさんが同じ話をしていました。人前で話すことが好きなケイさんは県外の講演にも招かれ、同じくその上司の話を「殺したい」というフレーズとともに、怖い目をして小刻みに体を震わせながら話していました。

同じ場面を三度見たとき、このつらい話をケイさんにくり返し語ってもらうことは、ケイさんにとってよいことなのだろうか、と私は率直に感じました。認知症で記憶力が低下し、さまざまな思い出や大切な人の存在も薄れていくなかで、殺したいほど憎んでいる人のことを何度も想起することは、より記憶に刻み込むことにつながるのではないか、などの疑問が生じました。

つらい体験を尋ねること、思い出させてしまうこと、それは認知症かどうかにかかわらず、心理的負担が伴うことでしょう。同時に、そのときの上司も特定されてしまうのではないかと懸念しました。上司は、もしかしたらいま頃後悔しているかもしれません。当時、もしかしたら誤解や思い違いなどがあった可能性も考えられます。

本人は人前で話すのが好きなのかもしれません。つらい体験をも含めて世の中の人たちに伝えたいのかもしれません。それでも「本人が話したいから」という短絡的な理由だけでくり返し語ってもらうのではなく、開催側には、話の内容を踏まえて、その後の本人自身への影響や話のなかに登場する人物への影響を考えた上で語ってもらう配慮が求められるといえるでしょう。

（久保田真美）

第2章

ひとり暮らしの始まりから終了までのプロセス

久保田真美

認知機能の低下が進行していくに従い、生活状況が変化していき、さまざまな試練が本人にも家族や支援者にものしかかってきます。そして多くの場合、本人がひとり暮らしの生活を望んでいても、いずれは限界の時期を迎え、病院や施設に移行するのが現実です。

その過程、限界の時期について研究した内容や実際の事例を紹介します。事例は介護支援専門員からの話をもとにしています。また特に第3節、第4節について、筆者らは深刻化・顕在化している社会的な問題として捉えています。

1 ハルさんがひとり暮らしを終えるまで

ハルさん（仮名・80代前半、女性）は既婚歴がなく、進学の際に家を出て以来、ずっとひとり暮らしでした。非常勤の教員として勤め続け、退職後もマンションでのひとり暮らしを続けていました。

●時間が守れない

ハルさんは地域で高齢者の食事会などにも参加していましたが、時間を守れないことが続いたため、心配した地域包括支援センターの職員がハルさん宅を訪問しました。家のなかは散乱していて、自身で片づけやゴミ出しができない状況でした。要介護認定の申請をして、要支援2が認定されました。

その時期のことを、介護支援専門員は次のように話します。

「ご本人のトラブルが多くて、というか、こだわりがちょっとおありでした。ケアマネジャーが本人への対応に苦慮して10人くらい代わっているんです。制度のことが理解できないというか、『窓ガラスを掃除してくれ』とか。それと時間が守れない、訪問に行ってもドアを開けてくれない、というところが一番のネックでした。本人が家にいても（支援者を）なかに入れてくれない。ヘルパーが来るときは自分のこだわりでちゃんと全部きれいにして消臭スプレーをまいて、お客様対応モードにならないと入れてくれないということで。だから『そういうのはしなくていいです』と言っても聞いてくれないいんですね」

ハルさん宅を訪問しても、介護支援専門員やヘルパーは外で平均10～15分待たなければなりませんでした。地域の食事会も終了間際に来たり、直前にキャンセルしたりすることが増えていき、周りから苦情の声が出ることもありました。ハルさんのことを認知症と知らない住民のなかには、きつい口調で「ちゃんと来いよ」などと直接言う人もいて、ハルさんがひどく傷つくこともありました。

「水彩画や油絵を趣味でされていて、本当にプロ級のきれいな絵をかいていました。そういう部分を伸ばせたらいいなって支援者で話したこともあります。御両親も立派な方のようで御弟妹も学力や博学なところが見え隠れするような方々でした」

ハルさんはサービスを受け入れていたものの、「看護師から暴言を吐かれた」「ヘルパーはお掃除をしてと言っても、お願いしたことはしてくれない」という訴えがありました。それでも、ヘルパーも看護師も根気よく関係性づくりに努めていました。
ハルさんにも「自分でできる」という自負があり、内服や保清などの支援は拒否的でした。服薬管理ができていなかったことから看護師が配薬すると、その薬の入れ方が気に入りません。看護師の説明についても「なぜ指示してくるのか？　もう訪問看護はいらない」と非難することもあったそうです。看護師はそれでも、自らの対応をふり返りながら、ハルさんに寄り添おうと訪問を続けていました。

●デイサービスに通い始めたが……

「入浴もできなくなって、髪の毛もベタベタしていて、やっぱりいろいろ見えますよね。失禁の跡があったり、タンスのなかから汚れたパッドが出てきたり……、なんかちょっと違う。だいぶ入って慣れてはきたんですが、肝心要のところは入れさせてもらえませんでした。そういうことが続いて、弟妹に相談してもいいかを聞いて、デイサービスに行くようになりました。でもデイサービスって時間厳守じゃないですか」

ハルさんは外出が減り、体重が増え、膝の痛みが出ていました。歩けなくなるとひとり暮らしはむずかしいという認識があり、リハビリに対する意欲は強かったので、介護支援専門員は「リハビリに行きましょう」と誘い、ハルさんも納得しました。短時間のデイサービスに通うことからスタートし、ハルさんは週に1回通っていました。その後、介護保険の更新で要支援から要介護になり、入浴もできるデイサービスも並行して利用することになりました。

「やはり、デイサービスの送り迎えができなくて、最高で40分間待たされたり……。下で（同じ送迎車内で）待っている人はたまりませんので、ハルさんが乗ると『お前何してんねん！』って暴言を吐かれて……。待たせてしまうことがわかっているので、特別に別便で最初に送っていただくという対応を何回かしてもらっていましたが、大人数ですし、スタッフの数も足りていないのでむずかしいと言われました。一度、（送迎車に）先に行ってもらってもう1回車が戻ってきたときに、ご本人が待っていて『なんで行ってしまったの？』と怒っていました。それも説明したのですが、理解ができずで……。デイサービス側から『本当にごめんなさい。対応しきれません。他の人からの苦情もありますし、ご本人も傷ついている部分があり、うちでは対応できないので引かせてもらえませんか？』って言われました。試行錯誤していろいろと手だてはとっていましたが、こちらもそれ以上はお願いできませんでした」

● QOL（生活の質）が低下して……

担当の介護支援専門員は、ハルさんの状況を、ハルさんの妹や弟にも電話で報告していました。ハルさんの妹は、毎朝電話をかけて「今日は○日で、○曜日で○○の日」と予定を確認し、「お薬は飲んだ？　ちゃんと飲んでね」と声をかけていました。また、忙しいなかでも時間をつくってハルさんに会いに行っていました。妹も弟もそれぞれの生活があるなかで、ハルさんがひとり暮らしを継続できるよう、できる限りの支援をしていました。

一方でハルさんは、家での生活も確実に乱れていきました。

「妹さんに買ってもらったタイツを気に入ってたんですが、リハビリパンツもはかずにそのタイツを（素肌の上に）はいていたり……、失禁したものをそのまま置いて下半身に何もつけずにウロウロしたり……、ベッドも汚れていたり、（失禁で汚れたものを）隠すんですが、ヘルパーにはわかります。テーブルの上にも物が山積み状態で、積み上げられた書類や郵便物の下から包丁が出てきたり、焦がした鍋があったり……。そういうトラブルが訪問しているヘルパーと看護師の目に入るので。支援者同士で報告を重ねるごとに『もう限界かな』という声もあがってきて……」

ハルさんの住んでいる住宅には、緊急通報装置がついていました。何か異変があったとき、ボタンを押せば管理人が駆けつけるシステムでした。ハルさんはそのボタンを押して、救急車で運ばれたこともありました。

「脱水症や誤嚥性かわかりませんが、肺炎の熱で……。普通は入院すると認知症は進むんですが、ハルさんの場合はクリアになります。生活が整うので、食生活も……。それで家族もわかってくれるんです。家では自身で食事の準備はできていませんでしたから。退院後に配食サービスを利用して整ってきました。最初は、『まずい』とか言ってましたけど、それも言わなくなりましたね」

ハルさんが単独で外に出ることはなかったため、近隣の人から苦情が出たり、警察に保護されたりするような出来事もありませんでした。しかし、ハルさんの自宅内での生活状況を見ていた担当の介それぞれが、ハルさんのひとり暮らしに「限界の時期」を感じていました。

護支援専門員やヘルパー、看護師は、ハルさんのQOLの低下を見過ごすことはできませんでした。

●妹も「様子がおかしい」と

妹から介護支援専門員に「最近、様子がおかしい」と連絡があったタイミングで、担当介護支援専門員は弟にも声をかけ、ヘルパーや看護師を含めて話し合いが行われました。これまでの経緯やエピソードなどを各人が伝え、環境が整えば機嫌よく生活できること、日常生活を一人で送ることは負担が大きいことを共有しました。本人にはもてる力がまだあることも説明し、介護支援専門員らはグループホームを提案しました。妹も弟も反対ではありませんでしたが、グループホームは入居費が高く入れなかったそうです。ハルさんは、ショートステイを利用して慣れていき、その後、老人保健施設に入居することになりました（恒久的な入居ではなく、一定期間経過すると次の施設へ移る方針での入居）。

「（入居に対して）本人は、『なぜ行かないといけないの？　悲しい』と言ってました。ただ、入院中やショートステイに行ったときも『こんなに楽で居心地のいいところはないから、ずっとここにいたい』とも言われていました。ご自宅での生活は、いままでに自分がかいてきた絵なども含めての空間だったと思うので、『もし許されるならばお気に入りの物を飾ってはどうですか』と提案をして、（施設内に）飾ってもらいました」

●当事者の本心を見極める

一連のプロセスから、人から支援を受けないとひとり暮らしができなくなったハルさんの心情、悪戦苦闘しながらもなんとかハルさんがひとり暮らしを継続できるよう努力してきた支援者の思い、ハルさんの生活状況が乱れていく様子などが伝わってきます。

そして、施設に入居する話を切り出されたときに「悲しい」と言っていたハルさんは、一方で病院やショートステイ先について「楽で居心地がいい」とも言っていました。ハルさんの本心はどこにあるのでしょうか。

ハルさんの経過からは、認知症の人に対して、本人の言葉だけを鵜呑みにして「施設は嫌だと言っている」などと解釈し、何がなんでも自宅で生活を送れるように支援することは、いかに軽率で危険なことかと気づかされます。

さらに、入居が決まったあとも、ハルさんの大切なものやハルさんらしさが表れているものに着目して、ハルさんがかいた絵を飾ることを提案した介護支援専門員の心くばりに敬意を表します。

2 ひとり暮らしの始まりから終了までのプロセスの特性

ひとり暮らしをしている認知症高齢者は、配偶者との死別や離別などで突然ひとり暮らしが始まったのかもしれません。しかし認知症は、ある日突然発症したわけではありません。ひとり暮らしになった理由や時期は明確でも、認知症はいつの間にか始まっています。そして症状の進行に伴い在宅生活の継続がむずかしくなっていきます。

そのプロセスではどのようなことが生じるのでしょうか。その時々、本人のなかでは何が起きていて、本人は日々何を感じて、どのような思いで過ごしているのでしょうか。

ここではまず、ひとり暮らしを始めた時点ではまだ認知機能の低下がさほど認められなかった人たちのプロセスを紹介します。

(1) ひとり暮らしが始まった時期——自由な生活が心地よい

ひとり暮らしが始まる理由やその背景はさまざまです。配偶者との死別や離別、子どもが家を出た場合、進学や就職を機に実家を離れてから婚姻歴もなくずっとひとり暮らしという場合、長年ともに生活してきた親の死後ひとり暮らしになった場合など、いろいろなケースがあるでしょう。

一方で一人になったとき、子どもとの同居や友人との共同生活を始めたり、ケアハウスやサービス付き高齢者向け住宅などに入居したりすることもあるでしょう。そこには多かれ少なかれ選択肢があります。ひとり暮らしを継続している人たちは、それが自らの意思の反映ではないでしょうか。

ひとり暮らしが始まった時期は、仕事をしていてもいなくても、親しい友人や近所の人たち、趣味や習いごと、行きつけの店など、何らかの形で社会とのつながりが保てているのではないかと思います。本人にはさびしさもある半面、自由で気ままな生活に心地よさを感じていたり、自立している自分への誇りも少なからず感じていたりする時期ではないでしょうか。

しかしながら自由であるがゆえに、生活の乱れが生じやすい状況ともいえるでしょう。

(2) 認知症状が出現した時期——本人、周囲が変化に気づき始める

普段通りの日常生活を送っていても、自分で「なんかおかしい」「私、どうしちゃったんだろう」と変化を感じたり、日々関わっている他者が異変に気づいたりする時期がやってきます。

たとえば「最近、人の名前が出てこない」「忘れものが多い」「何を買いに来たのか忘れた」などのうちは、まだ自分で対処できます。「年だから仕方ない」ともわり切れます。しかし、道に迷ったり携帯電話や財布など大切な物をなくしたりしたとき、あるいは友人との重要な約束を忘れて迷惑をかけたりしたときなどは、非常に落ち込み、真剣に考え込むようになります。

人によっては、この時期に「もの忘れ外来」などで認知症の検査を受けることもあるでしょう。しかし、まだ自分で気をつければ生活は成り立つからと、人に頼らずそのままひとり暮らしを継続しているケースが大半ではないでしょうか。そして、友人や家族など頼れる人に自分の失敗談を語り、同じ失敗をくり返さないように生活の環境や習慣を見直し、工夫しながら前を向いている人も多いと思います。

またこの時期は、家族も本人の様子や生活環境を見て、「冷蔵庫のなかはどうなっているのだろうか」「買い物はできているのだろうか」「薬は飲めているのだろうか」「入浴はできているのだろうか」などとさまざまなことを気にして、より観察するようにもなります。

さりげなく冷蔵庫を開けて賞味期限切れ食品の有無をチェックしたり、洗剤やシャンプー、トイレットペーパーの減り具合を確かめたりします。レシートからは、何を買って食べているのか、自分で調理をしているのかどうかなどが予測できます。さらに、財布や室内に小銭が溜まっていないかどうか、郵便物は処理できているのかどうか、電化製品を使いこなしているかどうかなどから、以前との変化に気づこうとします。家族の介入や言葉かけに、本人が「馬鹿にされている」「みじめだ」と怒ったり落ち込んだりすることもありますが、これまでの家族と本人の関係性で修復も可能な場合が多いでしょう。

この時期は、本人にとっても家族にとっても変化に気づき、工夫を取り入れていく時期だといえます。かかりつけ医やもの忘れ相談窓口などに相談して、認知症の検査を受け、早期診断や支援にたどり着くケースもあります。その一方で、家族がすすめても本人が受診や検査を拒否するケースもよく見られます。

(3) 認知症が進行して他者の手助けが必要となる時期――折り合いのつけ方が後の岐路に

記憶力や見当識、注意力などの認知機能がさらに低下していくと、これまで工夫しながら一人でできていたことがむずかしくなります。また、自分ができそうにないことやできないことを人に伝えることがむずかしくなったり、自分が間違ったことに対して取り繕ったりするようにもなります。

さらに、認知機能の低下から生じていた生活障害はそれまで自宅内のみだったものが、自宅外で他人に気づかれるようになります。たとえば、ゴミを分別したり指定曜日に出したりできなくなり、家のなかに溜まったり、別の曜日に出したりしてしまいます。

友人との約束を忘れてしまうと、以前なら自分の失敗に気づいて謝っていたのに、指摘されても約束していたことを思い出せず、友人との関係が悪化するようなこともあります。自転車で買い物に行くと、それまでは自転車の鍵をなくす程度だったものが、自転車を置いた場所を忘れたり、そもそも自転車に乗ってきたこと自体も忘れたりしてしまいます。

一連の動作をこなすことをむずかしく感じるため、料理や洗濯、入浴や着替えの回数も減ってきます。そのため同じ服装や体臭などを家族が指摘すると、「天気が悪くて洗濯ができなかった。○○さんに服を貸している」などの返答が即座に返ってくることもあります。ときおり、「私、もうあかんわ」

「ボケがひどくなってきた」と嘆く声が聞かれることもあります。

この時期、近隣の人がゴミ捨てに関して声をかけたり、手伝ったりするケースもあります。すでに介護保険でヘルパーを利用している友人・知人が「こんなサービスもあるよ」と紹介したり、地域包括支援センターなどの職員の関わりで介護保険サービス利用につながったりすることもあります。そして介護認定を受け、訪問介護（ホームヘルプサービス）や通所介護（デイサービス）を利用し始める人もいます。

家族が毎日のように訪問している場合を除いては、介護サービスの導入が必要になってくる時期です。自分自身では「まだまだ私はできるのに」と思い、「人の世話になりたくない」「迷惑をかけたくない」と、自立の思いを訴える人もいます。「自分はできるけど、周りが心配するから仕方ないか」と、気持ちに折り合いをつけて介護サービスや他者の支援を受け入れる人もいます。しかし、かたくなに他人の支援や介入を拒む人もいます。

それらを鑑みると、この時期の気持ちの折り合いのつけ方が後々の時期に影響しているようにも見受けられます。

（4）ひとり暮らしの基盤が大きく揺らぐ時期――自ら判断できず周囲が積極的に介入

介護サービスを導入した場合も、何の支援も受けずに経過してきた場合も、時期や程度に差があるものの、いずれも状況が変化して生活そのものが大きく揺らぐ時期に入ります。

対人的な面では、ヘルパーに対して「あの人が物を盗っていった」という思い込みが生じることがあります。看護師が薬のセットをしていても、一人のときに内服できなかったことを「あの人が間違って入れている」と言い繕ったり、ちょっとした行き違いで「みんなが私をだましている」という被害妄想に陥ったりすることもあります。

この時期のひとり暮らし認知症高齢者を訪問すると、賞味期限が切れて硬くなったパンをかじっていたり、カップ麺にお湯を注がずに乾麺だけを食べていたり、明らかに脱水状態だったり、室温や服装の調整ができなくなったりするなど、安全や健康の維持が困難で危機的状態に直面します。あるいは、一人で出かけてそのまま帰って来られなくなり、警察に保護されたり、事故に巻き込まれて病院に運ばれたりすることもあります。

また自分の家なのに、所定の場所で排泄できなくなり、シーツや衣類が便で汚れてもそのままにしていることもあります。時には、大事そうにハンカチで包まれた便がタンスから出てきた、ということもめずらしい話ではありません。この時期になると、一人の時間に何が起きているのか予測がつかず、別居している家族や支援者たちも心配し不安にかられます。

しかし、一番不安なのは本人自身ではないでしょうか。

今日が何日で何時なのかもわからなくなり、何を信じていいのか、誰にSOSを出せばいいのかわからなくなっているかもしれません。不安でわからないことが増えていくなかで、周囲からは時に否定的な言葉もかけられます。自分の知らないところで話が進んでいるように感じることがあるかもしれません。実際はそのようなことはなくても、記憶や情報の処理が困難になっているために、双方の食い違いが生じることはありえます。あるいは、体調がすっきりしないときがあっても、それを言葉でうまく伝えられないもどかしさがあるかもしれません。

また、この時期まで何のサービスも受けずに一人で生活しているケースもあります。長年、病院に行かず、健康診断も受けず、生活で不便なことがあっても自力でなんとかしてきた人たちです。

些細なことで近隣の人と言い争いになったり、近隣の人が認知症を心配したり、郵便局やスーパーの人が異変に気づいたり、あるいは警察に保護されたりと、きっかけはさまざまですが、それらを入口に区役所や地域包括支援センターに連絡が入ります。近年認知症ケアに関しては質が向上してきていますから、支援者たちはなんとかしてその人を病院受診や介護保険サービスにつなごうと努力します。しかし介護認定を受けたとしても、一人の時間が圧倒的に長いことから、介護サービスなどの公的支援だけではカバーできない状況に陥ったり、金銭管理ができずに電気やガスが止められたり、何らかの事情で本人が他人にお金を渡してしまったりする、などのケースもあります。

生活の基盤が大きく崩れた状況が続くと、支援者たちは危機感を覚えますが、すぐにはあきらめません。なんとかしなくては、何かいい方法はないか、と対策を考えます。関わっている多職種で会議をして意見を出し合い、関わり方を考え、介護支援専門員を中心にサービスの回数や内容も考え、生活を再度整えようと奮闘します。

（5）周囲が限界を感じる時期――切迫する生命や事故などの危険

ひとり暮らし高齢者の家族や支援者は、本人が希望するのなら、なんとかひとり暮らしを継続できるようにと工夫をこらしますが、やがて限界を感じる時期が訪れます。アルツハイマー型認知症の場合、改訂長谷川式簡易知能評価（ＨＤＳ-Ｒ）が15点を切るあたりからひとり暮らしは困難になる（平原、２０１３）ともいわれています。15点というのは、認知症の主症状で中度にあたります。

では、現場で支援者たちが「限界を感じるとき」とはどんなときでしょうか。

「暑い部屋で汗だくになってボーッとしていた」

「訪問すると口のなかにパンを詰め込み倒れていた」

「全然水分をとっていない。促してもとらない」

「生ものや乾物をそのままかじっている形跡があった」

このような、その状態が続くと健康を害してしまう可能性が高いとき、直ちに入院の可能性がある、さらには次に訪問したら亡くなっている可能性もあると感じるときは、「もう限界」という声があがります。本人の健康状態や生命を守るために常時見守りがいる状況になると、公的サービスでカバーするのがむずかしいのも実情です。

また、夜中に道に迷ったり、車道を歩くなど危険な行動をとったりして、何度も警察に保護されることもあります。ストーブの上で洗濯物を乾かしていたり、タバコの火の焦げ跡やコンロの付近にボヤの形跡があったりもします。こうしたことが続くと、周囲の人たちは「いつか取り返しのつかないことが起きるかも……」と恐怖感すら抱くようになり、「限界かも」と思うことが多いでしょう。
さらに、本人自身で金銭や貴重品の管理ができなくなって、物盗られ妄想が生じ、警察に何度も通報したり、周りの人を疑ったりすることがあります。あるいは、自分のお金を誰かに渡したり、詐欺に何度もあったりします。郵便局で通帳やキャッシュカードの再発行を何度も依頼して、窓口の人が不審に思うこともあります。こうした金銭がらみのことでも「一人の時間、何が起きているんだろう？どうすればいいんだろう」と周りが疲弊してしまいます。

認知症の進行によって、排泄の失敗などで家のなかが不衛生になり、他者の支援を受けていても限界を感じる事態になることがあります。たとえばヘルパーが掃除やゴミ捨てをしても、次に別のヘルパーが行ったときには新たなゴミや排泄物が増えていて、それらに虫がたかっていることがあります。さらに、ベランダに山積みになっているゴミに鳩や猫が寄ってきて、羽根や糞尿による被害で近所からクレームがくることもあります。

不衛生な状態が続いても、ただちに本人の生命に影響することはないでしょう。しかし、頻回に訪問するサービス提供者が疲弊したり、健康を害したりする可能性は皆無ではありません。近隣住民や管理人などから「この人はもうどこかに入ったほうがいいんじゃないですか？」という怒りの声が、家族や介護支援専門員にも向けられます。

散乱している部屋や不衛生な状態にいても、本人自身はさほど苦痛ではないように見えることがあります。片づけるのが面倒くさい、どうしていいかを考えられない、症状の一つでもある嗅覚の低下、そこで生活しているからこその慣れや関心・感度の低下もあるでしょう。

「生活している本人はいいけど、周りがたまらない。限界だ」という声もあがります。本人自身は自分の生活空間の乱れや不衛生な状況よりも、訪れる人たちの自分に向ける視線や表情や雰囲気を察して、怒りやさびしさなどを感じているのかもしれません。時には「もうほっといてよ」と発することもあるのでしょう。

ただ、この「ほっといてよ」という言葉は、必ずしも100%本心とは限らず、自暴自棄になっているのかもしれませんし、さまざまな経験や日々の積み重なった感情から生じたSOSの裏返しなのかもしれません。

この時期に支援者間でよく議論のテーマとなるのが、「本人にとってはどうなんだろう」という点です。認知症の有無にかかわらず、ひとり暮らしをしている高齢者のなかには「いつどうなってもいい。自分のことなんだからほっといてほしい」と主張する人も少なくありません。しかし支援者たちは、「いい」と言っているからとそのままにしておくことが本人のためにならないことを理解しているため、悩み、葛藤し続けます。

(6) 在宅が中断・終了する時期——在宅支援の限界

生活上で深刻な事態や危機に陥る時期になると、介護サービスの提供者や民生委員など近隣の支援者、住民や別居している家族は、「もう無理かな。どこか入れる施設はないだろうか」と訴えます。

ある介護支援専門員は、「認知症の人が自分から『はい、私はグループホームに入ります』『私は老人保健施設に行きたいです』なんて言ってくれたら、どれだけ気が楽か……」とつぶやいていました。

認知症高齢者自身がこの時期に、自発的に自宅でのひとり暮らしに区切りをつけて施設入所の意向を示すのは、きわめて稀有なことだと思います。そして、本人を抜きにして話が進んでいき、本人との軋轢が大きくなることもよくあります。

「もう家では無理だから」

「いや自分は家がいい」

「施設のほうが安全だし、安心できる」

「ここのほうが安心だ。自分はここ（家）が好き」

このような会話がくり返されて、時に堂々巡りになったり、感情的になった家族や本人が泣いたり怒ったりする事態にもなりえます。

またこの時期、本人がひとり暮らしの危険性に気づかない、あるいは周囲の危機感や心配が募っている状況を理解するのも、自らの思いを言葉でうまく伝えるのも、いずれもむずかしい場合がありま す。本人が納得して施設入所の準備をするのは、かなりハードルが高いのではないでしょうか。

本人に何度も説明したり懇願したりと家族や支援者は必死になりますが、納得してもらえない場合は、本人のいないところで作戦会議のようなものが始まります。体験やショートステイの利用で少しずつ慣れていく場合もありますが、当日「お昼ごはんに行こう」とか「ちょっと見に行こう」と事実を説明せずに本人を連れ出し、施設に到着してしばらくしたら、本人に気づかれないように退散する、というケースも少なくないでしょう。

どうにもならず、やむをえずの方法なのでしょうが、本人は、家族に裏切られたような気持ちやネガティブな感情を抱き続けるでしょう（なかには、入所のときのことを忘れたり口にしなくなったりする人もいますが……）。そして、家族も「ひどいことをしてしまった」という自責の念にかられるのではないでしょうか。

ひとり暮らし認知症高齢者の在宅から施設への移行期について、本人、家族、受け入れる施設側の職員、誰もが納得して気持ちよく新たなスタートを切るにはどうしたらいいのか、何を準備していたらいいのか、もともとひとり暮らしを好んでいた人が入所や入居してから新たな生活環境に順応していくには何が必要なのか、現場では試行錯誤が繰り広げられています。

（7）多くの人がたどる道

ここまでひとり暮らし認知症高齢者がたどる道のり、プロセスを記述しました。もちろん、誰もがこのプロセスにあてはまるわけではありません。

経済的に豊かな人は早期に私費の家政婦を雇うことも可能でしょう。身体的な疾患がある人は、認知症の進行よりもその身体的疾患の症状がひとり暮らしに影響することも考えられます。転倒による骨折など予想外のアクシデントによって入院し、そのまま施設入所になる人も少なくありません。最期まで支援を拒否していて、他者が介入すると同時にひとり暮らしに終止符を打たざるをえない人もいることでしょう。

人それぞれ多様な人生を送っているものの、これまでのインタビューや筆者自身の支援経験から、比較的多くのひとり暮らし認知症高齢者が、これらのプロセスをたどっているといえそうです。

3 ひとり暮らし開始時にすでに認知症が進行しているケース

先に示したプロセスとは別に昨今増えてきているのは、ともに暮らしてきた夫婦のうち一人が先に亡くなり、残された配偶者にはすでに認知症の症状が見られる、というケースです。ここでは、疑いの段階を含めたアルツハイマー型認知症のケースを紹介します。主たる認知機能低下の症状は記憶障害や見当識障害です。

(1) 突然、夫が急逝したケース——現金や必要書類などが不明に

ナオさん(仮名・80代・女性)は、夫と二人暮らしで子どもはいませんでした。遠方にいる姪とはそれほど頻回に連絡をとっているわけではなく、年賀状のやりとり程度でした。ナオさん夫婦は、も

ともとは姪のいる遠方の出身でした。20代で結婚して50年以上寄り添ってきました。

しかしある日、夫が自宅で急逝してしまいました。発見したナオさんは救急車を呼びましたが、救急隊が到着したときにはすでに硬直していました。その後、警察が来てナオさんから聴取し、遺体は検死に回されました。

ナオさんの受け答えの状況から、救急隊も警察もその後に関わった人たちも、ナオさんは夫を亡くして混乱しているだけでなく、おそらく認知症だろう、と感じていました。少し前に話したことを何度もくり返し聞いたり、必要な物をどこにしまっているのかわからず探し回ったりしていました。

ナオさんは、夫の死後手続きができませんでした。行政から依頼を受けた支援者が訪問し、役所の手続きなどを手伝うのですが、夫やナオさん自身の保険証やマイナンバーカードもどこにあるのかわからない状態です。書類や金銭の管理は、ほぼ全面的に夫がしていたのでしょう。手元のお金もいずれは尽きそうでしたが、銀行でおろすにもキャッシュカードの場所も暗証番号もわからず、印鑑と通帳を探して窓口に行かなくてはなりませんでした。

一時的に入院するにも保険証や現金がないことには、病院側が受け入れません。成年後見制度や介護保険を利用するにも、まずは医師にかかる必要があります。そして、ナオさん自身がその受診の必要性をなかなか理解できず、すぐには病院に行けない状況でした。

ナオさんは、一人になったときに夫を探しに出てしまうこともありました。不安でたまらなかったのか、支援者が訪問すると「夫が帰ってこないの」と泣き出すこともありました。

結局、保険証と現金がそろった時点でナオさんは往診を受けて介護保険や成年後見の手続きを進めてから入院になりました。その後は、後見人が主たる支援者になって施設入所が決まりました。

(2) がん闘病中の妻が先立ち、夫が混乱したケース――家の周りにゴミがあふれ……

シゲルさん（仮名・80代・男性）は、70代のがん闘病中の妻（要介護1）と二人暮らしでした。夫婦には娘がいましたが、10年ほど前に事故で亡くなっていました。

妻は2年前に胃がんと診断され、週に2回の訪問看護を利用し、保清や内服管理などをしてもらっていました。シゲルさんは、難聴もあるせいか介護支援専門員や看護師が訪問してもあまり会話に入ろうとはしませんでしたが、常に妻のことを気にかけ、洗濯や買い物などにも熱心でした。

あるとき、賞味期限が1か月以上過ぎた牛乳がテーブルに置いてあることに、看護師が気づきました。その後、シゲルさんの服装の乱れや、印鑑や書類を探す場面が目立つようにもなりました。看護師がシゲルさんに今日の日付や年齢を尋ねると、シゲルさんは「人を馬鹿にするな」と大声で怒り出したため、受診を促すのも躊躇していました。

そんな矢先に妻が救急搬送され、1週間後に病院で息を引き取りました。その後の葬儀やさまざまな手続きは、妻の妹や姪が手伝ってなんとかすませました。しかし、遺品の整理や葬儀にまつわる必要経費の支払いなどはできず、妻の妹と口論になることもしばしばだったようです。シゲルさんは兄弟とも疎遠で、妻の訃報も知らせていない様子でした。

四十九日の法事を過ぎると、妻の妹や親戚も遠のくようになりました。介護支援専門員と訪問看護師が様子を見に行ったときには、家の周りにゴミがあふれていました。地域包括支援センターの職員が電話をしても難聴のためつながらず、訪問前に手紙を入れておいても当日なかなかドアを開けてもらえない状況が続きました。以前から面識のある近隣住民が妻の妹に連絡をしましたが、「これ以上関わりたくない」との返答でした。

最終的にシゲルさんは、古くから親交のある近隣住民の協力もあり、医療機関を受診して成年後見制度の手続きをしました。そして、妻が先立ってから半年を過ぎた頃に、サービス付き高齢者向け住宅に入居しました。

ナオさんとシゲルさんは、どちらも夫婦二人きりの生活でした。ナオさんの夫は、おそらくナオさんの異変に気づいていたことでしょう。その上で、大事な書類などはすべて夫が管理していたのではないでしょうか。

シゲルさんの場合も、妻の支援に入った専門職らが異変に気づきながらも踏み込めないまま、突然の妻の急変に遭遇しました。難聴があったことで、人とのコミュニケーションに支障をきたしたり誤解されたりして、孤立しやすい状況だったともいえます。妻を失った喪失感や混乱のなか、シゲルさんは助けを求めるにもどうしていいかわからなかったのかもしれません。

長年連れ添い、心身ともに老化するなかで片方が認知症やがん等に罹患すること、あるいは不慮の事故などで突然帰らぬ人になることも、めずらしいことではありません。むしろ二人そろって心身ともに健康、というほうが稀なのではないでしょうか。

たとえば、結婚記念日や自分たちの誕生日、子どもが巣立ったときなどを機会として、改めて、もしものときのことを夫婦で相談しておく必要があるでしょう。そして、心身の健康状態にほころびが出たときは、早めに対策をとり、周囲にSOSを出す方法についても留意しておくことが必要だと考えられます。

4 非アルツハイマー型認知症の場合

認知症の原因疾患は、アルツハイマー型認知症以外にもさまざまなものがあります。ここでは、ひとり暮らしのレビー小体型認知症（認知症全体に占める割合は4・3％、厚生労働省、2019）のケースと前頭側頭型認知症（同1％、同前）のケースを、それぞれ紹介します。

（1）レビー小体型認知症のケース

①トシエさんの場合——幻視が出て住まいを転々と……

トシエさん（仮名・80代・女性）は、生涯独身で長年小学校の教員をしていました。定年退職してからは、海外や国内を旅行したり、温泉を楽しんだりしていました。

トシエさんは、住んでいたマンションで「天井から粉が降ってくる」と言い、大家に相談しても解決しなかったことから転居を考えます。そのときに「私は一人だし、ゆくゆく食事の準備などもできなくなるから……」と、有料老人ホームを選んで入居しました。

しかし、その有料老人ホームに入居後しばらくして、「上の階の住人の話し声がうるさいし、ドンドンと足音が響く。子どもたちが自分の部屋に入って来る」などと妹に訴えました。妹といっしょに施設長に相談に行きますが、施設長は怪訝な顔をするのみでした。

「子どもはね、行くところがなくて自分のところに来ているのでしょう。怒ってもかわいそう。ここにいたらいいのよ」

こう話すトシエさんは、自室に子どもが来ることに関しては、そう困っている様子でもありません。妹は、「子どもに対して受け入れるところが、長年教職を務めていたからかなあとも思う」と冷静に受け止めていました。

そのうちトシエさんは、有料老人ホームの職員に「天井や壁に虫が出るのでなんとか対処してほしい」と主張するようになりました。施設側と話し合ったものの、トシエさんは退去手続きを取り、別の有料老人ホームに入居しました。しかし、そこでも別の入居者や施設の職員に関して不満が生じ、トシエさんはマンションへと移りました。

妹は、トシエさんの状況を見ていて「何かおかしい」と思ってはいたものの、病院の話を切り出しても「私はどこも悪くはない。人の心配なんかしないで自分の心配をしなさい」と言われると、それ以上は何も言えませんでした。

トシエさんが、ようやく受診をして「レビー小体型認知症」と診断されたのは、最初の引っ越しから2年近くたってからでした。

② ケンジさんの場合——近隣住民から避けられて……

ケンジさん（仮名・70代・男性）は、50代で妻と離婚してひとり暮らしになりました。大学を卒業してから大手の会社に勤務し、定年退職後もしばらく勤務して、完全に退職した後は、趣味の写真などを楽しんでいました。炊事や洗濯、掃除を自身で20年以上していたので、2DKのマンションもすっきりとしていました。

ある日、車で自損事故を起こし、それをきっかけに運転するのをやめました。その頃から外出する機会が減少し、アルコールの量が増えていました。真夜中に「トイレに幽霊が出る」と警察に連絡し、その後もマンションの管理人や住人に「知らない人が入って来る」「家に子どもが数人いる」などと話すようになりました。

近隣住民はケンジさんと距離をおくようになりました。住民のなかには、ケンジさんが出かけようとすると避けたり、同じエレベータに乗らないようになったりしました。以前は会えば軽い世間話をする関係だったのに、ケンジさんがあいさつをしても、気づかないふりをする人もいました。

警察から遠方に住む息子に連絡が入り、息子が病院に連れて行き、レビー小体型認知症と診断されました。その後、介護保険の認定を受け、訪問看護や訪問ヘルパーを利用して2か月間程度ひとり暮らしを継続していました。しかし、遠方の息子が近くの施設に入居してほしいとの意向を示し、ケンジさん自身も受け入れました。

最終的にケンジさんは、息子家族が住んでいる家の近くのグループホームに入居しました。

③ 幻視や妄想が目立つのが特徴

レビー小体型認知症の初期は、記憶障害が比較的軽度な一方、幻視や妄想の頻度が高いと報告されています（池田ら、２０２４）。

トシエさん、ケンジさんは当初、一人で自立した日常生活を送っていましたが、ある時期に幻視が出現しました。自分の生活空間なのに、目の前に突然知らない人が現れると、誰もが恐怖や不安感でいっぱいになることでしょう。トシエさんは大家に相談し、ケンジさんは警察に通報したり近所の人に訴えたりしていました。二人がとった行動は、自らを守るための当然の対処方法だったと思われます。

しかしながら、周囲の人々がレビー小体型認知症について知らなかったため、二人は奇異な目で見られるようになりました。その空気を、トシエさんもケンジさんも感じていたのではないでしょうか。幻視の症状で、いるはずのない人物が突然に現れ、恐怖を感じているのに加えて、他者の対応で生じた孤独感や不安の増強など、二重の苦しみやつらさを感じていたことと推察されます。

仮に、同居している家族がいれば、家族が本人の幻視に気がついて、受診に同行するでしょう。本人に「自分には見えていない」と説明することで、幻視を自覚することにつながったかもしれません。家族が本人に寄り添い、環境の調整などをして、本人の不安は軽減されていたかもしれません。

レビー小体型認知症は症状が多様なことから、正確な診断に至るまでの期間が長いとも、うつ病と誤診されることが多いともいわれています（樋口ら、２０２３）。ひとり暮らしの場合は、自分自身で異変に気づいたり症状を伝えたりすることがむずかしいことから、診断や支援に至るまでの期間がかかると予測されます。社会がレビー小体型認知症の特性を理解すること、そして本人への生活支援が、喫緊の課題といえるでしょう。

（2）前頭側頭型認知症のケース

① アサコさんの場合——警察に保護されて医療保護入院に

アサコさん（仮名・60代・女性）は若い頃に夫を亡くし、娘と息子を女手ひとつで育てました。子どもは二人とも就職して家を出たので、アサコさんは50代の後半からひとり暮らしでした。60歳で退職して、しばらくはパート勤めをしていましたが、コロナ禍の時期に失業しました。

娘が交際相手を連れて帰ってきたとき、相手に対して失礼な発言が続いたため、娘はその後アサコさんとの距離をおくようになりました。その後、娘の結婚が決まったものの、相手方の両親との会食の席でもアサコさんはちぐはぐな会話をして、相手方両親が立腹する場面もあったそうです。「昔はあんな母ではなかったのに……」と信じられない気持ちと悲しさを胸に、娘は母親との離別を決意しました。息子については詳細不明ですが、いつの時期からか家にはまったく帰らず、音信不通の状態になっていました。

ある日、警察から娘のところに連絡が入りました。「スピード違反をしたので、事情聴取をしているが話が伝わらない……」というものでした。本人と関わりたくない娘は、叔父に連絡しました。叔父が駆けつけて久しぶりにアサコさんに会い、異変に気づいて総合病院の受診に同行しました。アサコさんは「前頭側頭型認知症」と診断されました。

アサコさんはひとり暮らしを続けましたが、着替えや食事、買い物、洗濯、入浴など身の回りのことは自分でできていました。しかし、振り込みのために郵便局や銀行の窓口に行った際などに会話が成り立たず、大声で怒ってしまい、地域包括支援センターや警察にしばしば連絡が入るようになりました。地域包括支援センターの職員や警察も、アサコさんとの会話が成立しません。

地域包括支援センターの職員は、アサコさんの生活をなんとか支えていきたいと考えていましたが、ある日、スーパーの支払いの場で店員ともめて大騒ぎになり、アサコさんは警察に保護されました。そして、精神科病院に搬送されて医療保護入院になりました。

アサコさん自身、自分の身に何が起きたのかも、おそらく理解できていなかったのではないでしょうか。

②病識がなく抑制がききづらくなるのが特徴

前頭側頭型認知症は、本人に病識がないのが特徴です。進行とともに易怒性や抑制障害から対人トラブルに発展することも決してめずらしい話ではありません。

同居の家族がいれば早期の段階で受診し、疾患を理解した上で、日々の生活を工夫したり周囲の協力を得たりすることで、事件や事故を未然に防ぐことも可能です。しかしひとり暮らしの場合、日常生活動作は問題なくできて病識もなければ、自ら受診することはなかなかないでしょう。一方で、万引きや無銭飲食、自動車の危険運転、性的逸脱などの不適切行為で逮捕され拘留された、という話も聞いています。

早期の受診や検査が非常に重要ですが、記憶や見当識は比較的保たれているため、認知症とは疑われないこともあります。また診断されたとしても、アサコさんのように、その後の支援につながらないまま、ひとり暮らしが継続されるケースも多いと予測されます。

レビー小体型認知症と同様に、疾患が社会に周知されること、早期の受診、診断後の具体的な支援方法などが課題といえるでしょう。そして、ひとり暮らしを望む本人がトラブルになりかねない状況であっても、地域で見守り、さりげなく協力し合える社会を願ってやみません。

参考文献
平原佐斗司編著（2013）『医療と看護の質を向上させる認知症ステージアプローチ入門』中央法規

久保田真美、堀口和子（2019）「認知症高齢者の独居生活の継続が困難になる要因、介護支援専門員・訪問看護師・訪問介護員へのインタビューより」『日本認知症ケア学会誌』18（3）688〜696
久保田真美、堀口和子（2017）「介護支援専門員がとらえた認知症高齢者の独居生活の限界―独居生活開始から施設入所までの過程より―」『日本在宅ケア学会誌』21（1）67〜75
厚生労働省老健局（2019）「認知症施策の総合的な推進について（参考資料）」2
https://www.mhlw.go.jp/content/12300000/000519620.pdf（2024年12月10日閲覧）
日本神経学会監修（2017）『認知症疾患診療ガイドライン2017』「第7章：Lewy小体型認知症」「第8章：前頭側頭葉変性症」医学書院
池田真優子・橋本衛（2024）「レビー小体型認知症の症候学」『症候学から見極める認知症』池田学編著、57〜64
樋口直美・内門大丈（2023）『レビー小体型認知症とは何か』ちくま新書
内門大丈監修（2020）『レビー小体型認知症　正しい基礎知識とケア』池田書店
米山真理・竹内登美子他（2018）「レビー小体型認知症者を在宅で介護する家族の体験―家族が異変に気づいてから診断を受けるまで―」『日本看護研究学会雑誌』41（5）935〜943
加藤泰子・高山成子他（2014）「レビー小体型認知症の高齢者が語る生活上の困難な体験と思い」『日本看護研究学会雑誌』37（5）23〜33

AIと人間

ある大学の老年看護の教授と話す機会がありました。

「いまの大学生がちょうど我々の老後をみてくれる世代なんですよね、きっと」

すると教授から次の言葉が返ってきました。

「そうなりたくない。絶対いや。私はロボットにみてほしい。気をつかわなくていいし、そのほうがいろいろ考えなくていい。恥ずかしさもない」

私には、驚きと納得となんともいえない衝撃が走りました。

後日、自称「おひとり様大好き」という友人たちと食事に行ったときの会話です。

「そのうちAIが看取りとかもするようになるんだろうか」

「それもいいかもよ。AIに注文したら、希望の音楽を流してくれて室温と湿度を調整してくれてアロマも焚いてくれて……、最後に呼吸が止まったら、AIから医師に連絡が入る」

「いやいや、いずれは死亡確認もAIがして、死亡診断書の発行も自動的にできるような時代になるかもよ……」

「えー!! それはないでしょう。……いや、ないとは言い切れないか、うーん」

「確かにAIには余計な気をつかわなくてもいいし、裏表もないし、正確だし……」

このような会話が進むなか、途中から複雑な思いになりました。

昭和の時代に育った筆者は、親に言われたことがあります。

「口は何のためにあるのか？ わからなかったら人に聞いたらいい。人間、口と足があれば、どこでも行ける」

旅行先で地元の人に道を聞いて、ていねいに教えてもらい、軽い世間話もしてほっこりしたこともありました。それがいま、道がわからないときに頼るのはスマートフォンの経路案内です。

また、看護学生だった頃、当時の教員から言われました。

「看護の看という文字は手と目でできている。今後文明が進んでも、自分の手と目で患者さんを看護しなさい」

しかし気がつけば、自動血圧計をはじめ測定の大半は機械がするようになっていました。

人間社会で生きていれば当然ですが、人に気をつかい、人の目を気にして窮屈な気分になることも、人の裏の部分が見え隠れして猜疑心を抱くこともあります。しかし一方で、人間のやさしさや温かさ、ユーモア、エネルギーなど情の部分もたくさん感じてきたのではないでしょうか。

AIは正確でスピーディ、AIは公平で忖度をしない、AIには気をつかったり恥じらいを感じたりする必要もない。だが、AIには思考がない。人の気持ちまではわからない。そもそも感情がない、責任感もない。この世の生命《いのち》あるものとしての息づかいや温もりもAIからは伝わってはこない。同じ空間にともにいることで満たされる思いや安心感、人と人の絆はAIからは生まれない。

AIと人間……、どちらに介護されたいでしょうか？　最期の瞬間、あなたの傍らにいてほしいと思うのはどちらでしょうか？

（久保田真美）

第3章

ひとり暮らしの生活で生じる課題とその工夫

～健康といのちに関する課題編

中島民恵子

第2章の「ひとり暮らしの基盤が大きく揺らぐ時期」「周囲が限界を感じる時期」のなかで示された生活上の課題も含めて、第3章と第4章で、認知症高齢者がひとり暮らしをしていくなかで直面する課題について整理していきたいと思います。

本章ではこのうち、生死に関わる可能性が高い健康といのちに関する二つの課題について具体的に考えていきます。第2章で示した「ひとり暮らしの基盤が大きく揺らぐ時期」に生じる状況と重なる部分が多く見られ、より課題に直面する頻度が高くなり、深刻になると「周囲が限界を感じる時期」に生じる状況へとつながっていく課題です。

1 これまでの調査研究で見えてきた健康といのちに関する課題

これまでの調査研究や事例検討により示されてきた生活上の課題の具体的内容と、筆者らが実施したインタビュー調査内容を俯瞰して、ひとり暮らし認知症高齢者が直面する生活上の課題を整理したものが図表3-1です。

これらの課題は大きく六つに集約できました。すなわち「健康管理の乱れ」「生命の安全をおびやかしうる危機」「衛生状態の乱れ」「生活を維持する上での経済的危機」「対人関係の不調和」「必要な受診やサービス利用の困難」です。いずれも、認知機能の低下による記憶障害や見当識障害などを発端にしつつ、ひとり暮らしであるからこそ、表面化するまでにより時間がかかり、深刻化しやすい課題であるといえます。

ただし、すべてのひとり暮らし認知症高齢者にこれらの生活上の課題が生じるわけではありません。一人ひとりの状況のなかで生じうるさまざまな課題が生活に与えるインパクトは異なるため、個別性を踏まえて考えることが大切です。

一方で、これらの生活上の課題を事前に知っておくことは、次のような工夫を考える上でのヒントになると考えます。

①これからひとり暮らし認知症高齢者になりうる当事者としての立場では、直面しうる課題にいかに備えていくことができるのかを考えるヒント

②家族としての立場では、ひとり暮らしの親や親族が

図表3-1　ひとり暮らし認知症高齢者が直面する主な課題

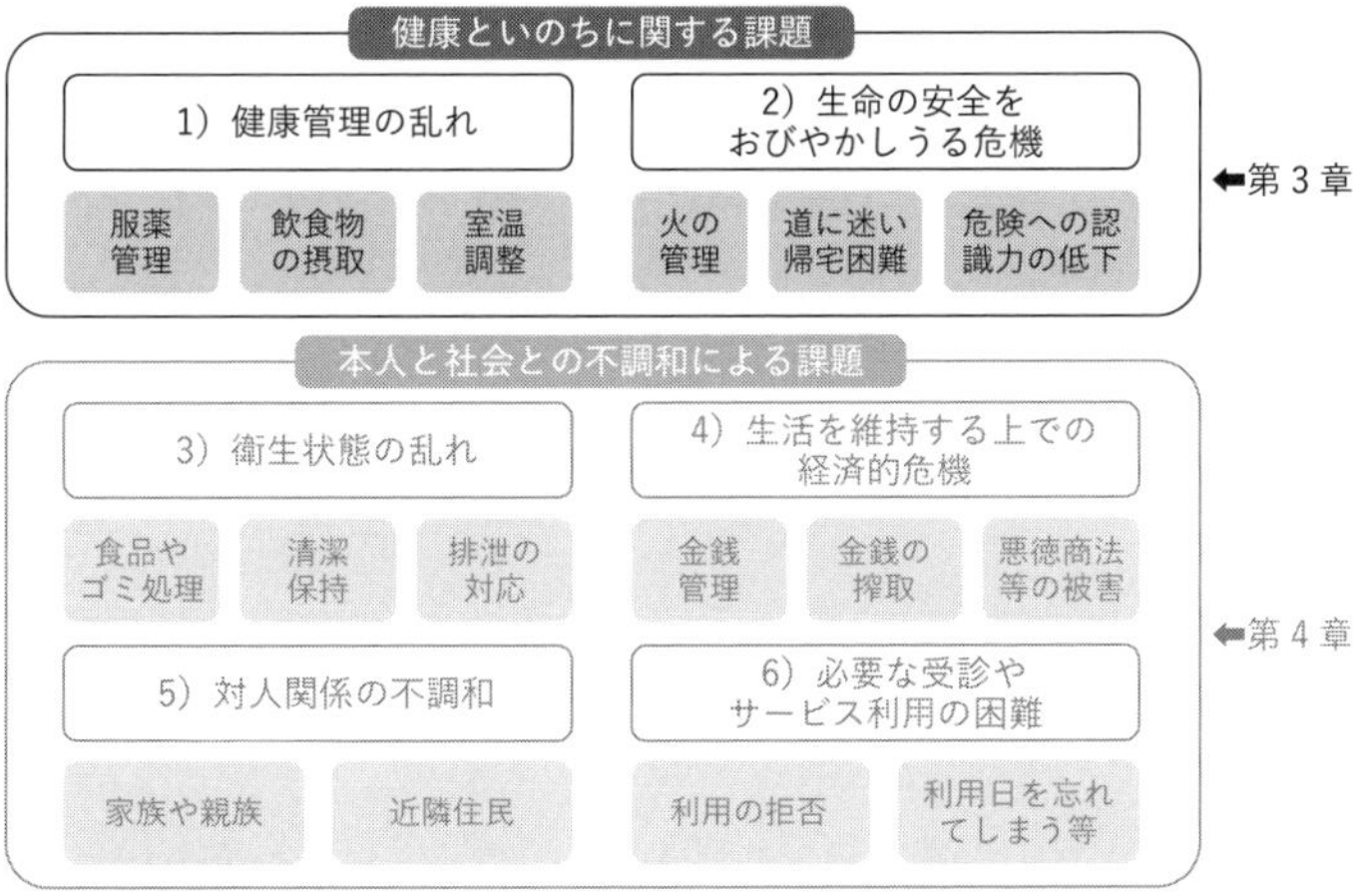

出典：筆者作成

認知症になったときにどのようなことが生じ、どのように関わることがよいかの心構えをするヒント
③専門職をはじめとする支援者としての立場では、本人といっしょにどのような工夫ができるのかを考えるヒント

認知症高齢者がひとり暮らしを続けていく上で、安心かつ安全な環境をいかに保てるかどうかはとても大切だと考えます。しかし一方で、あまりに安全を最優先に考えると、本人が暮らしのなかでたくさんの制約を受けることになってしまいます。そうならないよう、社会のなかにあるバリアをなくす取り組みを進めていくとともに、できる限りの事前の備えをしたり、本人とともに少しずつでも暮らしに工夫を取り入れたりしていくことで、大事に至るのを防ぐことができると考えます。

2 健康管理の乱れとその対応の工夫

(1) 健康管理の乱れ

ひとり暮らし認知症高齢者は、認知機能の低下や時間、場所、人の見当識の低下などにより、薬の管理や食事などの生活上の乱れが生じやすくなります。特に健康管理が乱れると、それをきっかけとして何かしらの支援が必要となる場合がよくあります。

健康管理の乱れには主に、①持病での通院や服薬管理のむずかしさ、②適切な飲食物の摂取のむず

かしさ、③室温調整のむずかしさ、の三つがあげられます。

①持病での通院や服薬管理のむずかしさ

認知症高齢者に限らず、高齢者にはいくつかの既往症があることが多く、さらにリウマチや糖尿病などの持病を抱えていることもあります。もの忘れ外来を受診したアルツハイマー型認知症高齢者における生活習慣病の合併についての調査では、平均2～3種の内科疾患があり、48％が脂質異常症、42％が高血圧症、19％が糖尿病を合併していたことが報告されています（櫻井ら、２０１５）。

持病があると定期的な通院や服薬が必要ですが、本人が必要性を感じなかったり忘れたりして、通院が途絶えてしまう場合があります。たとえば糖尿病の治療が必要な場合、適切な対応が十分にできないと、重篤な状況に陥ってしまう可能性が高まります。この場合は早急な通院の支援が必要です。

通院できていても、記憶機能や時間の見当識の低下により、飲み忘れた薬が大量に余る場合があります。勘違いなどから重複内服や飲み間違えをすることもあります。血圧や糖尿病の薬と睡眠剤などの重複内服は、命に関わりかねません。また、アルコールを摂取している場合の服薬には、特に注意が必要です。

高齢になると身体の不調をきたしやすくなり、その不調ごとに医院やクリニックに通うこともあります。複数の病院からそれぞれ薬が処方されると、それらの管理がむずかしくなり、ともすれば適切な服薬ができなくなります。実際に訪問すると、薬が床に落ちていたり飲まれないまま机に置いてあったりすることがあります。

持病をうまく管理できなくなると病状が悪化し、さらに重篤な状況に至ると、在宅での生活継続も危ぶまれかねません。最悪の場合は命を落としてしまうこともありえます。

② 適切な飲食物の摂取のむずかしさ

高齢期になると口の渇きを感じにくくなり、十分な水分の摂取ができなくなることで脱水症状を起こすリスクが高まります。ひとり暮らしの場合は、本人の記憶力の低下に加えて水分摂取を意識していないことで、いつどれくらいの水分を摂取したのか、本人も関わる支援者もともに十分把握できないことがあります。

食事については、消費期限切れの牛乳を飲んだり腐ったものを食べたりして、下痢を起こしてしまうことがあります。また、これまで調理をしていた人でも、自ら調理するのが困難になっていくと、食べること自体にあまり意識が向かなくなり、栄養失調になるケースも見受けられます。

このように十分な飲食がむずかしくなると、脱水や栄養失調など健康状態が悪化しやすくなり、それらが深刻化すると入院による療養などが必要になる可能性が高まります。

③ 室温調整のむずかしさ

高齢期になると寒暖に対する感覚が弱くなります。冬の寒い日でも暖房を使わない、あるいは真夏の暑い日に窓は開けてあるものの、クーラーをつけずに蒸し風呂のような室内で過ごしていることがあります。もともとエアコンを好まない場合もありますが、リモコンの場所や使い方がわからなくなっている場合もあります。特に夏場に適切な室温で過ごせなくなると、熱中症のリスクが高まります。冬場でも室内の気温が低いなかで過ごしていると、低体温症のリスクも生じます。

熱中症や低体温症になると入院が必要な場合もあるため、本人がうまく室内環境を調整できない場合や体調の変化について明確に伝えられない場合は、注意が必要です。

熱中症で入院した高齢者の特徴を示す調査では、認知症高齢者の占める割合は70％、ひとり暮らしの高齢者が占める割合は35％でした。また、60％の高齢者は自宅に直接戻ることができず、老人保健施設等に移行したことが示されています（岩田ら、２００８）。熱中症に限らず、入院すると在宅へ戻りにくくなってしまう傾向があります。

このように健康管理が乱れていくと、緊急時に自分自身で状況が判断できず、さらに自らＳＯＳの発信もむずかしくなって、発見の遅れや入院につながりやすくなることが懸念されます。

（2）健康管理の乱れへの対応の工夫

① 持病での通院や服薬管理がむずかしい場合

服薬管理については、毎日のことでかつ健康やいのちに関わることですから、さまざまな対応方法や工夫がなされています。

本人が薬をきちんと飲んでいると認識している場合、関わる側が「薬の飲み忘れ」について強く指摘してしまうと、本人の混乱を招いたり、信頼関係にひびが入ったりする可能性があります。本人の認識を確認しながらも、医師や薬剤師に相談しながらさまざまな工夫を試みることができます。たとえば、服用回数が多くて管理できない場合には、1日3回の服用を2回や1回に切り替えることができないかなど、医師に相談して服用法の簡便化を検討できる可能性があります。また、おくすり手帳をしっかりと活用し、不必要な薬剤がないかどうかを見直すことも大切です。

飲んだ時間やどの薬を飲んだのかを忘れてしまう場合は、「薬の一包化」を提案するのも工夫の一つです。一包化は、医師に相談するとスムーズにできます。最近は、一包化したそれぞれの袋に名前や飲むタイミング、日付など、印字を依頼できる薬局も増えてきています。

さらに、壁に張った服薬カレンダーにこれらの薬を収納するなど、わかりやすい環境の整備に取り組むことで、飲み間違えや飲み忘れをできる限り防ぐ工夫がなされています。第1章のスズさんもカレンダーに薬を貼るなどの工夫をしていました（51頁参照）。

加えて、最近は服薬支援製品の開発も進んできています。製品としての実体をもつものはハードウェア、もたないものはソフトウェアとして整理され（河野ら，2018）、多様な方法が示されています。

ハードウェアは、「アラーム付き薬入れ」など薬を収納している製品自体に定時に服薬を促すための機能がついています。音声案内やアラーム、ライトの点滅、画面にテキストメッセージを表示するなどさまざまな方法があります。

ソフトウェアは携帯電話を使ったアプリケーションが多く、事前に設定した服薬時間に音楽を流す、テキストメッセージを表示するなどの機能があります。ただ、日頃から携帯電話を使うことに慣れている場合はよいのですが、そうでないと操作に戸惑う可能性がありそうです。

また、服薬の実施を確認する機能が、ソフトウェア、ハードウェアそれぞれで提供されています。ソフトウェアでは、アプリケーション内の「服薬済み」チェックボックスに自分でチェックする方法が主流です。時間になっても服薬が未実施の場合に外部連絡機能を備えたものなどもありますが、種類は少数です。ハードウェアは実際に薬が取り出されたことでそれらを判断するため、認知機能の低下を補う方法としては、ハードウェアの服薬支援製品のほうが精度は高そうです。

本人に薬への抵抗があり、服薬を拒否される場合もあります。服薬したくない理由を本人に聞いた上で、服薬の必要性を医師に相談することも大切です。どうしても必要な薬の場合は、飲みやすい形状や何かといっしょに服用するなど、心理的にも物理的にも飲みやすい環境を整えることも一つの方法です。

もちろん、ヘルパーや訪問看護師の服薬の促しや見守り、通所介護を利用している場合には介護職員による服薬の促しや見守り、家族が定期的に訪問できる場合には家族による支援をうまく活かすことも大きな意味があります。

② 適切な飲食物の摂取および室温調整がむずかしい場合

本人が意識して自発的に水分や食事をとることがむずかしい場合、訪問介護や訪問看護のサービスを利用している人には、専門職による水分補給や食事の準備と声かけが重要です。

特に、記憶力の低下がある場合は、声をかけても忘れてしまうことが多いため、置く場所が大事になります。食べ物や飲み物を戸棚や冷蔵庫に入れてしまうと、本人には見えません。見えないものは「ないもの」となりがちです。そのため、本人がよく使う場所や本人に見えやすいところに置くなど、視覚的に認識しやすい環境設定もとても大切になります。さらに、本人が好む飲み物や食べ物をしっかりとアセスメントして、少しでも摂取してもらうことも大切です。

また、訪問時に体重を測定し、変化を定期的に確認することも有効です。体重測定は簡便な方法ですが、栄養状態や脱水の兆候に気づく機会になりえます。これらは、家族による関わりが期待できる人にも工夫してもらえることです。

ほかにも、通所介護を利用して帰る際に夕食用弁当を提供する事業所があります。ちょっとしたプラスのサービスですが、本人にもなじみの味で、帰宅後すぐに食べられる夕食があることは安心です。こうした一つひとつの暮らしの支えが積み重なって、ひとり暮らし認知症高齢者が在宅で暮らし続ける期間を長くできるのだと考えます。

室温調整については、室内の温度や湿度の感じ方が人によって違うことを理解した上での環境調整が大事です。専門職や家族が訪問する際に、冷暖房のオン・オフタイマーをうまく調整して、室温設定に気をつけることも助けになります。最近は自動運転の機能があるエアコンもあり、買い替えができる場合には最新テクノロジーの活用も有効であるといえます。また、最近の電波時計には、大きな文字で温湿度が表示されるものも多くあります。日頃から本人と温湿度をこまめに確認することも一つの方法です。

　また、テクノロジーの発展により、本人の居間や寝室にプライバシーが守られる範囲での人感センサーを設置して、家族が遠隔地から携帯電話やコンピュータで安否を確認する方法もあります。同様の方法で、家族が自宅や職場から本人の部屋の温度や湿度を知ることができれば、適切な連絡も可能となります。

　水分補給や室温の調整がうまくいかずに熱中症が起きるリスクが高まる状況では、本人に関わる人たちが天気予報をこまめにチェックして、熱中症予測という視点も備えておくとよりよいでしょう。日頃の小さな工夫が本人の救急搬送を防ぐことにつながります。

図表3-2　健康管理の乱れへの対応の工夫

① 持病の通院や服薬管理のむずかしさ
- 持病があるが通院できない
- 薬の飲み忘れが続く

こんな工夫も ↓

- 早い時期から服薬カレンダーを利用
- 医師に相談し、服用法の簡便化や薬の一包化をすることで飲む回数を減らす
- 定期的な残薬の確認と整理

② 適切な飲食物の摂取のむずかしさ
- 水分摂取がうまくできず脱水症状となる
- 食事がうまくとれず栄養失調となる

③ 室温調整のむずかしさ
- 夏場に暑い室内で過ごし熱中症になる

こんな工夫も ↓

- 本人の見える場所に好みの飲み物・食べ物を置く
- 水分摂取の必要性を説明し見えるところに張る
- 訪問時に冷暖房のオン・オフタイマー利用

出典：筆者作成

3 生命の安全をおびやかしうる危機とその対応の工夫

ひとり暮らし認知症高齢者が在宅生活を継続していく上で、生命の安全をおびやかしうる危機に直面することがあります。安全で安心な暮らしができなくなる主な要因として、①火の管理のむずかしさ、②道に迷って帰宅困難になる、③危険への認識力や注意力の低下、の三つがあげられます。

(1) 生命の安全をおびやかしうる危機

① 火の管理のむずかしさ

ひとり暮らし認知症高齢者の生活において火の管理は、本人のみならず近隣の地域住民にも影響しうることから、多くの人たちが心配する一つとしてあげられます。

キッチンでガスコンロを使用している場合は、鍋を焦がす回数が増えたり、コンロの周りに大きな焦げ跡が見られたりすると、火の管理がむずかしくなってきているサインです。カップラーメンの容器ごと火にかけてしまう事例などもあります。それらが起きる前から予防的な関わりをもつことはもちろん重要ですが、実際に起きた時点では、火の管理について早急な関わりが求められます。

ガスコンロ以外でも、たばこや仏壇のろうそく、電気ストーブや電気こたつなどからも、火災が発生する可能性があります。また、掃除が十分行き届かない場合に埃をかぶったコンセントがショートして出火したということも聞きます。タバコの焦げ跡が後を絶たない状況や、布団の上でたばこを吸っている場合も注意が必要です。

電気ストーブや電気こたつについては、布団や衣類など燃えやすいものを近くに置いていたり、ストーブで洗濯物を乾かしたりする状況などは、火災が起こる原因になりえます。また、電気こたつや市販の使い捨てカイロには低温やけどの危険もあります。

火の管理については、本人と早い段階から話していくことが大事です。

② 道に迷って帰宅困難になる

本人は目的があって外出したものの、記憶力の低下や場所の見当識の低下により、道に迷って帰宅できなくなることがあります。ひとり暮らしの場合、周囲の人たちは、帰宅していないことがその日にはわからないこともあります。自宅の近くで発見されることもありますが、電車やバスを乗り継いで県外で見つかることもあります。

警察庁は2012年から、行方不明者の届出理由の項目に認知症を加えています。2012年に約9600件であった認知症を理由とした行方不明者は、2023年に約1万9000人へとほぼ倍増しています（警察庁、2024）。9割以上の人は見つかって保護されています。しかし、残念ながら死亡して見つかる人もあり、2023年の死亡者数は1年間で553人（3・0％）に上っています。

一方、ひとり暮らし認知症高齢者の行方不明150人の実態に関する調査（菊地ら、2021）では、7人（4・7％）が死亡、3人（2・0％）が調査時点でも行方不明でした。大きな割合とはいえませんが、ひとり暮らし認知症高齢者のほうが行方不明の死亡率が高い傾向が見られました。行方不明となった本人を心配する家族のつらさは、とても深刻なものです。

外出したいという本人の気持ちもとても大切です。その気持ちを尊重しながらも、外出によって命を落とすことがないよう、道に迷ったときの対応方法を本人、周りの人たちと確認しておくことが大切です。

③ 危険への認識力や注意力の低下

危険への認識力や注意力が低下すると、信号を無視して道路を渡ってしまったり、周りに注意が払えなかったりして、自転車や自動車と接触してしまうことなどがあります。交通安全に対する注意力の欠如といえる状況です。

また、運転を継続することで、交通事故を起こすこともあります。65歳以上の運転免許保有者は、2021年時点で1928万人を超えています。全免許保有者の23・5％を占め、高齢者の半数にあたります（警察庁、2022）。

車を運転することは、それぞれの人にとって買い物や社会参加などの生活上の重要な手段という場合が多く、これまでの生活習慣の維持に影響することもよくあります。運転免許証の自主返納などをする場合は、代替案を含めて移動手段のあり方を考えておくことが重要です。また、家族の送迎などの役割を担っている人が運転免許証を返納すると、その役割を喪失し、意欲も減退しやすくなります。本人の自尊心を大事にしたていねいな関わりが求められます。

（2）生命の安全をおびやかしうる危機への対応の工夫

① 火の管理がむずかしい場合

調理をめぐる火の不始末については、本人のガスコンロ利用へのこだわりの程度にもよりますが、電子レンジや湯沸かしポットで代替することで、ある程度の回避ができる場合もあります。

電磁調理器（ＩＨ調理器）にする方法もありますが、認知機能の低下により新しいものの使い方を覚えにくい場合もあり、使いこなせるかどうかが課題になることもあります。早めの時期から、ガスコンロを電磁調理器に変更して備えることも大切でしょう。

台所に「火のもと注意」と掲示するなど、本人にとって視覚的にわかりやすい形で注意を促すのも一つの方法です。火災報知器などが適切に設定されているかどうかについて、改めて確認しておくことも大切です。

また、仏壇の多くは木製ですから、先にも述べたように、火の不始末で火災が起きることがあります。ろうそくや線香を使う場合は長さをできるだけ短くし、燭台は安定したものにするなど、いずれも小さな工夫ですが、その一つひとつが火災のリスクを減らします。

さらに、机・膳引き・座布団の下などに防火マットを敷いておくことで、ろうそくや線香が倒れたとしても、落ちた火が燃え広がるリスクを減らすことができます。そのほか、可能ならばＬＥＤを使用したロウソクや線香を使用すると、火災の心配が低減します。

仏壇へのお参りなどは、本人が長年続けてきた大切な習慣という場合も多いと思います。できる限り、本人が納得できる方法をいっしょに考えていくことが大切です。

また、家族や専門職が訪問する際には、焦げ跡の有無などの定期的な確認のほか、本人にも気をつけて使用するようていねいに声をかけていくことも大事です。

② 道に迷って帰宅困難および危険への認識力の低下がある場合

本人が迷子になる状況に対しては、外に行かないようにするのではなく、出かけたいと思う気持ちを尊重し、安心して出かけられる環境整備が大切です。そのための方法として、ＧＰＳ（全地球測位システム：Global Positioning System）の活用、ヘルプカードの活用、地域の人たちの見守りや声かけを広げていく取り組みがあります。

ＧＰＳ機器については、その利用経費の一部を助成している自治体も増えてきています。ポケットサイズのキーホルダー型、靴装着型、電話型、スマートウォッチ型などいくつかのタイプがあり、本人の使いやすさなどを踏まえて選択をしていきます。本人が装着していれば、行方不明になっても居場所を見つけられるという安心感があります。
一方で、安易なＧＰＳの利用や、本人がＧＰＳの利用について理解していない場合の利用は、本人の行動をコントロールするという観点から考えると、人権を侵害してしまう懸念が指摘されています（永田ら、２０２３）。ＧＰＳは、支援者側の安心のための監視的な活用ではなく、本人と話し合い、本人の外出のしやすさや行動範囲を広げるためという観点での活用を考えていくことが大切です。

ヘルプカードは緊急連絡先や必要な支援内容などを記載したカードで、障害のある人たちが災害時や日常生活のなかで困ったときに、周りの人たちに自分の障害への理解や支援を求めるためのものです。東京都では、「ヘルプカード作成のためのガイドライン」（東京都福祉保健局障害者施策推進部、２０１２）が示されています。

認知症の人が安心して使えるためのヘルプカードとしては、認知症介護研究・研修東京センターから「希望をかなえるヘルプカード® スタートガイド２０２１」（認知症介護研究・研修東京センター、２０２２）が示されています。迷子になる可能性がある場合に、たとえば図表３-３のように「家への帰り道を教えてください　目印は〇〇保育園です　そこまで

図表3-3 「希望をかなえるヘルプカード®」例

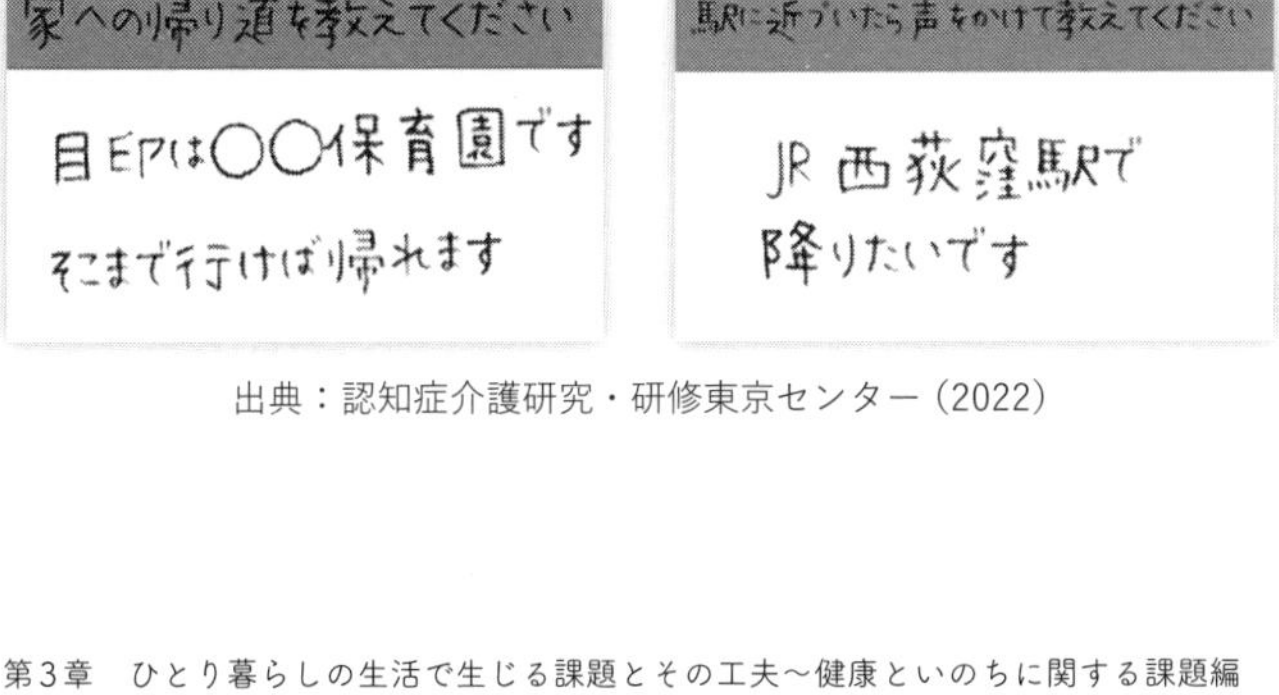
家への帰り道を教えてください
目印は〇〇保育園です
そこまで行けば帰れます
駅に近づいたら声をかけて教えてください
JR西荻窪駅で
降りたいです

出典：認知症介護研究・研修東京センター（2022）

行けば帰れます」と記し、本人がわかる場所まで案内してもらえるよう工夫されています。

筆者の知人も、ヘルプマーク（赤色のタグ）の裏に、迷子になったときのために名前や家族の連絡先などを長方形のシールに書いて貼っていました。知人は「いまはまだ迷わないのだけれど、いつ急にわからなくなるかもしれないから。これがあるほうが安心でしょ」と話していました。

地域の人たちの見守りや声かけが広がる取り組みについては、ＳＯＳネットワークや声かけ訓練などの取り組みが全国的に広がっています。福岡県大牟田市でスタートしたこの取り組みは、時代の流れとともにその実施方法などを更新してきました。

めざす基本は、本人が迷子になったとしても、外出を「No！」とせず、緩やかな見守りや声かけのなかで、本人が安心して行きたい場所に行き、無事に自宅へ帰ってくることができるまちづくりです。その声をか

図表3-4　生命の安全をおびやかしうる危機への対応の工夫

① 火の管理のむずかしさ
- ガスコンロがうまく使いこなせない
- 電気ストーブの近くで洗濯物を干している
- 仏壇周りの焦げ跡が後を絶たない

こんな工夫も

- 電子レンジや湯沸かしポットなどの活用
- 早めの段階でガスコンロを電磁調理器に変更する
- 仏壇のろうそくと線香をLEDに変更する

② 道に迷い帰宅困難になる
- 通院後に帰り道がわからなくなり、うずくまっていた
- バスや電車に乗り、これまで行ったことのない県外まで行っていた
- 自転車や自動車との接触事故

こんな工夫も

- 本人と相談してGPS付きの携帯を持つ
- 住民や店員に、さりげなく声かけや誘導をしてもらえる環境をつくる
- 運転免許証の自主返納について本人同士（ピアの力）で話し合う

出典：筆者作成

けるのは、隣近所の大人のみならず、登下校の小・中学生やコンビニエンスストアの定員、タクシーの運転手など、多様な人たちが想定されています。

また、危険への認識力や注意力の低下がある場合に対して、自治体が民間保険を活用し、独自に認知症の人の事故を補償する事故救済制度を導入しつつあります。２０１７年に神奈川県大和市で先駆けて導入され、少しずつ取り組む自治体が増えてきています（日本総合研究所、２０２１）。

そのほか、運転免許証の自主返納については、地域の実情を踏まえて、都道府県や都道府県警察によるさまざまな支援が行われています。運転卒業式を実施している警察署もあると聞きます。運転免許証の自主返納は本人がどのように折り合いをつけるのかが大切です。地域でさまざまな取り組みがあることを伝えていきながら、本人との話し合いを進めていくことが望まれます。

なお、運転免許証を自主返納した人は、運転経歴証明書の交付を受けられます（返納後5年以内）。これは運転免許証に代わる公的な本人確認書類として利用できます（警視庁サイト）。さらに、実際に運転免許証を自主返納した認知症の人と話す機会があると、本人が同じ立場の人たちの声を聞いて納得できる場面もあると聞きます。本人同士の「ピアの力」が活かされた実践といえるでしょう。

このように、近年は「本人の集い」などでの交流を通して、本人同士が日々の暮らしのさまざまな工夫を共有していく場面や、自治体や警察などによる取り組みが、全国で少しずつ見られるようになってきました。ひとり暮らし認知症高齢者や、その本人と関わる人たちの工夫や知恵を、もっと集めていく必要性がさらに高まると思われます。

参考文献

岩田充永・梅垣宏行他（２００８）「高齢者熱中症の特徴に関する検討」『日老医誌』45　３３０〜３３４

警察庁（２０２２）「令和４年警察白書統計資料」https://www.npa.go.jp/hakusyo/r04/data.html（２０２４年12月10日閲覧）

警察庁（２０２４）「令和５年中における行方不明者の状況」
https://www.npa.go.jp/safetylife/seianki/fumei/R05yukuefumeisha.pdf（２０２４年12月10日閲覧）

警察庁『行方不明者の推移』
https://www.npa.go.jp/safetylife/seianki/fumei/R04yukuefumeisha_zuhyou.pdf（２０２４年12月10日閲覧）

警視庁サイト　運転免許証の自主返納について
https://www.npa.go.jp/policies/application/license_renewal/jishuhennou.html（２０２４年12月10日閲覧）

菊地和則・大口達也他（２０２１）「独居認知症高齢者の行方不明の実態　１５０事例からの報告」『老年精神医学雑誌』32（4）４６９〜４７９

河野愛弓・大野ゆう子他（２０１７）「早期認知症高齢者を対象とした服薬支援製品に求められる機能についての検討」『日本早期認知症学会誌』10（2）18〜26

永田千鶴・野呂優美（２０２３）「認知症高齢者の徘徊対応のためのＧＰＳ利用実態と倫理的認識　ケア専門職への調査から」『日本認知症ケア学会誌』21（4）５８８〜５９７

認知症介護研究・研修東京センター（２０２２）「希望をかなえるヘルプカード®　スタートガイド２０２１」
https://www.dcnet.gr.jp/pdf/kenkyu/t_r3rouken_no2_02.pdf（２０２４年12月10日閲覧）

櫻井博文・羽生春夫（２０１５）「認知症のくすり　服薬アドヒアランスをよくする工夫」治療97（3）３８３〜３８７

東京都福祉保健局障害者施策推進部（２０１２）「ヘルプカード作成のためのガイドライン」
https://www.fukushi.metro.tokyo.lg.jp/shougai/shougai_shisaku/card.files/1helpcard_guide.pdf（２０２４年12月10日閲覧）

日本総合研究所（２０２１）「自治体による認知症の人の事故を補償する民間保険への加入支援に関する調査研究事業」
https://www.jri.co.jp/MediaLibrary/file/column/opinion/detail/20210412_7.pdf（２０２４年12月10日閲覧）

推しの存在

訪問看護をしていたときに出会ったヒロさん（仮名）は、90代前半のひとり暮らしの女性で、てきぱきとした身のこなしが印象的でした。部屋の壁に当時の人気俳優Fさんの大きなポスターを張っていて、その横にお薬カレンダーがありました。お薬カレンダーの上部にはFさんのアップの顔写真が飾ってありました。

「ヒロさん、Fさんのファンですか？」

「そうや、男前やろう。いくらばばあになっても、そりゃ男前がええで」

訪問初日、そう答えるヒロさんは照れる様子もなく、むしろ誇らしげな表情でした。近づいてみると写真のFさんの顔の色が薄くなっているようにも見えました。「指でなでなでしながら話しかけているのかなあ」と想像して「ふふっ」と笑ってしまいましたが、さすがにそこは尋ねませんでした。

最初の訪問から3か月くらいたった頃、訪問するとポスターや顔写真などすべてがなくなっていました。

「何かあったんですか？　Fさんは？」

「ああ、あれ、はがした」

いつもの威勢のよさはなく、言葉にも覇気がありません。

「はがした？　なんで？」

「なんでって……、結婚したやろう！」

Fさんは、数週間前に結婚していました。あまりテレビを見ないヒロさんは、そのニュースを知るのにタイムラグがあったのか、それとも受け入れられなかったのか……。その日、ヒロさんは活気がなく言葉数も少なげでした。「ヒロさんもFロスか……」と、心のなかでつぶやきました。

でもでもでも……、私は納得できませんでした。結婚したからってポスターをはがす必要があるのでしょうか。結婚したら好きという気持ちも冷めてしまうものなのでしょうか？　いやいや、好きな人の結婚じゃないですか、祝福しましょうよ、幸せを祈りましょうよ、なんて思いました。もっとも当時、同じ職場の先輩看護師も同様にFロス状態で笑顔が激減していました。

その後のヒロさんは、活気が戻らず、生活が確実に乱れていきました。部屋は散らかる一方で、薬の飲み忘れも目立つようになり、訪問時パジャマ姿の日もありました。そして、外出して転倒したヒロさんは入院して、そのまま在宅には戻らず訪問看護も終了になりました。

推しの存在は、その人にときめきやワクワク感を与え、エンドルフィンやドーパミンなどの幸せホルモンを分泌させるともいわれています。ひと昔前、韓国俳優の追っかけをしていた中高年の女性たちの熱狂ぶりが話題になりました。意中の俳優がほほ笑むとキャーキャーと歓声をあげて喜ぶ姿はまるで10代の少女のようだとも表現され、若返り効果が実証されたかのようでした。

推しの存在に見返りを求めることなく、ただ想っているだけで幸せな気分になる……。なんて素敵なことなのでしょうか。夜は推しが夢に出てくることを願いながら眠りにつく……。きっと良好な睡眠が得られることでしょう。

しかしヒロさんの結末を想うと、推しの存在は常に二人以上確保しておくほうがよいかもしれませんね。

（久保田真美）

第4章

ひとり暮らしの生活で生じる課題とその工夫

～本人と社会との不調和による課題編

中島民恵子

本章では、認知症高齢者がひとり暮らしをするなかで生じる課題のうち、本人と社会との不調和による課題に焦点をあてます。それぞれまず、なぜ不調和が生じやすくなるのかについて明らかにした上で、個々の生活課題についての対応と工夫を考えていきます。

1 これまでの調査研究で見えてきた本人と社会との不調和に関する課題

認知症の診断については、世界中でいくつかの診断基準が示されています。そのうち米国精神医学会の診断基準（Diagnostic and Statistical Manual of Mental Disorders Fifth Edition: DSM-5）では、認知機能の一つとして「社会的認知」を示しています。この社会的認知は、「他者を知り、自己を知る脳の機能」（牧、２０１８）、「社会のルールを守って、社会に適応するよう行動することに必要な脳の機能」（山口、２０１９）などと表現されています。

私たちは普段、他者と何かしらのコミュニケーションや関わりをもちながら暮らしています。その際に、話す相手の表情や言葉からその背景に含まれる気持ちや感情などの意図をくみ、それらに対する適切な立ち振る舞いを選びながら、良好な人間関係を維持しています。このような他者とのコミュニケーションに必要とされる認知過程が社会的認知です（鶴谷、２０１１）。

それら社会的認知の機能が低下すると、周りの人たちとよい関係を築きにくくなります。また、他者からどのように見られているか、という自らを客観的に捉える認知能力も低下します。すると社会の規範やルールに沿った立ち振る舞いがうまくできなくなり、社会との間にさまざまな不調和が生じやすくなります。

これらは、ひとり暮らし認知症高齢者の生活では、実は多くの場面で生じています。第3章のように健康やいのちに関わる切迫した課題ではないものの、これらの生活課題が重なると、第2章で示したプロセスのように、ひとり暮らし認知症高齢者が尊厳を保ちながら在宅生活を継続していくことはむずかしくなってきます。

ひとり暮らし認知症高齢者の場合、少しずつ進む認知機能の低下がQOLの低下に直結し、日々の生活での困りごとが増えていきます。同居する家族や身近な人との関わりがあれば、小さな生活上での困りごとは

図表4-1　ひとり暮らし認知症高齢者が直面する主な課題

出典：筆者作成

無意識のうちにほぼ補完されます。しかし、その支援がなければ、生活の質は加速度的に落ちます。こうした生活上の混乱は、認知機能の低下を加速させることも指摘されています（齋藤、2023）。

ここからは「衛生状態の乱れとその対応の工夫」「生活を維持する上での経済的危機とその対応の工夫」「対人関係の不調和とその対応の工夫」「必要な受診やサービスの利用困難とその対応の工夫」（図表4-1下）について、具体的に考えていきます。

2 衛生状態の乱れとその対応の工夫

（1）衛生状態の乱れ

私たちの多くが自分の家への愛着やこだわりがあるのと同様に、多くのひとり暮らし認知症高齢者にも、その住まいへの思い入れがあります。自宅を訪ねると、室内の装飾や家具などの好みやこだわりから、その人らしさが伝わってくることもよくあります。

しかし、認知症の進行に伴い、その住まいの衛生状態が乱れやすくなります。特に不衛生になりがちで、その主なきっかけとして、①食品の管理やゴミ処理のむずかしさ、②本人の清潔保持のむずかしさ、③排泄への対応から生じる衛生保持のむずかしさ、の三つがあげられます。

セルフ・ネグレクトの状態を表す因子として「不潔で悪臭のある身体」や「不衛生な住環境」があ

げられているほど（岸、２０２３）、衛生状態の乱れは、私たちが社会で生きていくなかで重視されるべき課題として考えられています。

① 食品の管理やゴミ処理のむずかしさ

ひとり暮らしの場合、家族が近隣にいなければ誰かが定期的に訪問することはあまりなく、何らかのきっかけで専門職が訪問すると家のなかは多くのゴミであふれていた、という話はさまざまなところで耳にします。

調理もむずかしくなり、いつの間にか賞味期限切れになった調味料をそのまま何年も放置してしまうことがあります。さらに、腐りやすい食品を冷蔵庫に入れっぱなしでカビだらけになってしまうことも、キッチンに置きっぱなしにしてしまい、虫がたかるなどして悪臭が漂ってしまうこともあります。本人は、どうしたらよいかと思いながらも、状況に応じた対応がしづらくなっていることもあるでしょう。悪臭は隣人にも影響するため、周りの人たちを含めた課題になりやすいのが特徴です。

また、決められた日にゴミを出せなくなり、家にゴミがあふれてしまうこともあります。もともとゴミが散らかっていても気にならない、あるいは片づけが苦手という場合もありますが、認知機能の低下やものごとの段取りがうまくできなくなる遂行機能の低下により、片づけなどができなくなることもよくあります。

以前に比べると、燃えるゴミ、不燃ゴミ、ペットボトル、ビン、缶というように、私たちの生活ではたくさんのゴミの分別が求められます。また、ゴミの種類に応じて、ゴミ収集所に出す日時が決まっています。時間の見当識が低下して、いつどのゴミを出すのかわからなくなり、間違った日に出して地域の人から注意され、それからゴミを出せなくなってしまうことも耳にします。

「生きることは食べること」といわれるように、私たちの暮らしで「食」は欠かせないものですが、それらの管理や処理ができなくなると、不衛生な生活環境になりがちです。

エピソード①

食品の管理やゴミ処理のむずかしさ

ユタカさん（仮名・80代・男性）は、退職後に家族間でトラブルなどがあり、妹がいる市へ単身で移って、公営の集合住宅に住んでいます。

まめな人で、ぬか漬けや梅干しを漬けていました。しかしその管理が徐々にできなくなり、キッチンにあるカメの中身がすべて腐ってしまいました。そこに虫がたかり、臭いも強くなって、同じ集合住宅の人から苦情が出てしまいました。

最初に妹から介護支援専門員に相談があり、妹といっしょに訪問しましたが、家のなかに入らせてもらえず、外で話すことになりました。本人にも家のなかの衛生状態がよくないという自覚はあったようです。家に入れない状況がしばらく続きましたが、徐々に関係性をつくっていくなかで、介護支援専門員がヘルパーといっしょに入ることができました。

そして玄関先から掃除を始めました。ゴミ出しもうまくできず、いくつものゴミの入った袋がそのままになっていました。冷蔵庫の周囲にも、相当腐敗した食品がたくさんありました。少しずついっしょに片づけていきました。

② 本人の清潔保持のむずかしさ

現代の社会で清潔を保って暮らすことは、自分自身の健康を維持していく上でも、周りの人たちとのよりよい関係を維持していく上でも大切なことと考えられています。もちろん清潔保持の捉え方には個人差があり、その方法についても多様です。ただし、異臭がする状況に至ると、人々はその悪臭を出している人と関わることを好まなくなり、孤立してしまいがちです。人との関わりが薄れていくと、暮らしていく上で少しずつ支障が出てきてしまいます。

認知症の症状として、認知機能や意欲が低下してくると、セルフケアの不足が目立つようになる現実があります。ひとり暮らし高齢者の多くは、セルフケアを日常的に補う家族などからの声かけや関わりが、同居をしている人に比べて不十分です。その上に認知症の症状が生じていくと、もともときれい好きな人だったとしても、それらを維持することは決して容易ではありません。

清潔保持の主な要素として、身体の清潔保持、口腔内の清潔保持、身だしなみなど外形的な清潔保持があげられます。

身体の清潔保持については、特に入浴が関わってきます。「入浴を数か月にわたって拒否されています。どうしたらいいか……」といった相談があるとよく聞きます。その場合、「なぜお風呂に入ることを好まないのか」を考えることがとても重要です。実際に10人いれば10通りの理由がありえますから、多面的にその理由を確認したり、考えたりすることが大切です。

認知症の人の視点で捉えると、入浴は「浴室という『密室』で行われる、不安や緊張を引き起こす行為」と表現されています（川畑、２０２３）。入浴には、服を脱ぐ、お湯を出す、髪を洗う、身体を洗う、湯船につかる、身体を拭く、服を着る、髪を乾かすなど、必要な動作や判断すべきことがたくさんあります。遂行機能の低下により、入浴をする一連の過程で手順がわからなくなったり、失敗したりして、不安やストレスが強くなることも考えられます。また、視空間認知が低下することで、お風呂の椅子にうまく座れなかったり、シャワーのお湯がうまく出せなかったりすることもありえます。

こうしたことの組み合わせで、入浴を嫌がるようになっている可能性があります。お風呂に毎日入らなければいけないわけではありませんが、その頻度があまりにも低くなると、衛生状態の悪化の原因になるほか、皮膚などの病気にもかかりやすくなります。

口腔内の清潔保持については、特に歯磨きや義歯の手入れが関わってきます。高齢者の口腔衛生管理は、口臭にとどまらず、誤嚥性肺炎の予防や摂取機能の維持の観点からも重要性が示されています（小原、２０２１）。歯磨きや義歯の手入れは毎日のセルフケアに関わることですが、意欲の低下や介助に対する拒否などがあることで、口腔衛生状態の維持はむずかしくなります。

歯磨きも、歯ブラシを取り出す、歯磨き粉を使う、歯を磨く、うがいをする、歯ブラシを戻すなど一連の動作が必要です。遂行機能が低下して歯磨きの手順がわからなくなったり、判断力の低下で口腔のセルフケアの必要性がわからなくなったりする可能性があります。「どういった理由で、口腔内の清潔保持がむずかしくなっているのか」について、確認していくことも大切です。

身だしなみなど外形的な清潔保持については、服装や髪型、男性ならひげ剃りなどがあげられます。服装は、本人の興味関心が薄れて無頓着になったりするほか、洗濯が定期的にできていなかったり、服が整理整頓されていなかったりして、同じ服を何日も着てしまっている状況もありえます。髪の毛もブラシを使わずボサボサで、ひげが伸び放題になっていく人もいます。

大半の人には休みの日などに、パジャマのまま髪を整えることなく過ごしたり、身なりを整えずに過ごしたりした経験があるかと思います。それでも、外出時や訪問客があるときには、その状況に合わせて身なりを整えるのではないでしょうか。

他者からどのように思われているかを俯瞰するのがむずかしくなることも、認知症の症状の特徴の一つです。その時々の状況に合わせた対応ができなくなっていくと、周囲の人たちもその人の変化に戸惑うようになります。人と会ったり外出したりする機会が少なくなると、それらの状況がさらに加速することも考えられます。

③ 排泄への対応から生じる衛生保持のむずかしさ

第2章のハルさんの事例でも、失禁の跡など生活上の衛生保持がむずかしくなっていく様子が示されていました（58頁参照）。

在宅介護実態調査で「現在の生活を継続していくにあたって、主な介護者の方が不安に感じる介護」の上位項目として、「日中の排泄」「夜間の排泄」が報告されています（三菱ＵＦＪリサーチ＆コンサルティング、２０２１）。この「日中の排泄」と「夜間の排泄」は、主な介護者が「在宅生活の継続が困難」と判断する特に重要なポイントだと考えられます。同居に限らず近隣や遠方の家族も、排泄がうまくいっていないと知ると、在宅を継続してよいのかどうかを悩み始めることが多くあります。

ひとり暮らし認知症高齢者が排泄を失敗したときに、床の掃除や衣類の洗濯などがしっかりできないと、臭いが強く出てしまうこともあります。おむつやパッドを利用している場合には、それらの処分が適切にできないと、家が不衛生になってしまいます。そのほか、トイレに間に合わず何度も尿漏れするようになると、外に出るのが不安になり閉じこもりがちになることもあります。

排泄は本人の尊厳保持にも深く関係しています。不衛生な生活環境に身を置き続けることは、その人が自分らしく暮らす上での尊厳を傷つけることにならないか、を考えることも必要でしょう。

また、犬や猫などペットを飼っている人もいます。以前は、ペットの散歩や糞などの対応ができていても、認知機能の低下に伴いうまくできなくなって、衛生環境の保持がむずかしくなることがよくあります。ペットも大事な家族の一員ですが、ペットの世話は介護保険制度のサービス対象外であるため、本人の気持ちと支援がうまくかみ合わない状況も散見されます。

（2）衛生状態の乱れへの対応の工夫

この生活上の課題に限りませんが、適切な支援のためには、認知症の高齢者がひとり暮らしのなかで何がしづらくて、何はできるのかという、直面している課題へのていねいな情報収集や整理がとても重要です。特に、認知機能の低下がみられるものの軽度から中等度の段階では、心配した支援者が過剰とも考えられる支援を提供してしまい、本人の自尊心や意欲を損なってしまう可能性があります。

① 食品の管理やゴミ処理がむずかしい場合

食品の管理がうまくできなくなったとき、賞味期限や消費期限を忘れてしまうのが主な理由なら、本人といっしょにシールなどに日付を大きく書いて貼ると、それらを一目で把握しやすくなる場合があります。

また、冷蔵庫に入れると「見えないもの＝ないもの」となってしまうことがよくあります。冷蔵庫の前に、入っている食べ物とその消費期限を紙に書いて張っておくと、見るたびに思い出す助けになるかもしれません。ヘルパーが定期的に関われる場合には、定期的に声をかけたり冷蔵庫のなかの状況をいっしょに確認したりして、よりよい状態を保つことも大事です。

なお、関わった時点で、すでにかなりのゴミが溜まっていたり異臭が生じたりしている状況でも、支援者が一方的に片づけるのではなく、本人とともによりよい環境で暮らすための解決策を模索することを大切にしたいものです。生活環境を整えていく場合に、本人の表情や気持ちをしっかりと確認しながら、一気に片づけないことも大切です。その際、本人が少しでも心を寄せ信用している人とともに片づけに関わっていければ、片づけも進みやすくなるでしょう。

ゴミ出しは日常的で頻度が高いため、継続的な支援が必要です。訪問介護を利用していれば、ヘルパーにゴミ出しを依頼するのも可能です。また、自治会等の人たちが近所のゴミ捨て場を協働的に管理している場合には、状況をわかりやすく説明して、定期的に声をかけてもらうなどの協力を得られると、大きな助けになります。

「高齢者のゴミ出し支援制度」を導入している自治体も少しずつ増えてきています。自治体の収集員が玄関先まで来て声をかけながらゴミを回収する場合や、有償ボランティアとして1回200円や500円などの料金で、分別を含むゴミ出し支援をするコミュニティ型支援に取り組んでいる地域もあります（環境省環境再生・資源循環局、2021）。

地域単位の取り組みは一足飛びにつくれるものではありませんが、誰もがひとり暮らし認知症高齢者になる可能性があり、そのような仕組みがあればほかのゴミ出しがむずかしい人たちにとってもよい、という視点で地域の仕組みづくりに関心をもっていくことも重要でしょう。

② 本人の清潔保持がむずかしい場合

身体の清潔保持は、家族や支援者から部分的にでも清潔にできるような働きかけが大切だと考えます。たとえば、温かい濡れタオルで顔や首周りを拭き、首にホットタオルをあてれば、じんわりと気持ちよくなるでしょう。また、足浴を準備して足だけでも清潔を保てれば、次のステップにつながっていくかもしれません。「本人の快の気持ち」を大事にして、清潔保持の範囲を一歩ずつ増やしていくことも大切な視点です。

口腔内を清潔に保つ工夫としては、フレーバーつきの歯磨き粉の利用やデンタルリンスなどを活用して口腔衛生状態が改善された、看護師だけでなく歯科衛生士がていねいに時間をかけて心地よい口腔ケアを行うと本人がケアを受け入れる場合もある、との報告がされています（香山ら、2020）。

身だしなみと清潔保持という点では、行きつけだった美容室や理容店がわかると、久しぶりにそこに行って、きれいに整えてもらえる場合があります。美容師や理容師にも認知症に関して理解してもらう働きかけが必要ですが、専門職だけでどうにかしようとせずに、本人のこれまでを知るプロに髪や顔周りの清潔保持を依頼するのも一つの方法でしょう。

図表4-2　衛生状態の乱れへの対応の工夫

① 食品の管理やゴミ処理のむずかしさ
- 食品の管理がむずかしく腐敗してしまう
- 冷蔵庫に年単位の古い食材が入っている
- ゴミの処理がむずかしく家にゴミが溜まる

↓ こんな工夫も

- 冷蔵庫に入っている食材と期限を簡単に書いて張っておく
- ゴミ出しのときに近隣の地域住民に声をかけてもらう

② 本人の清潔保持のむずかしさ
- 入浴を好まず、身体的な衛生が保てず異臭がする

③ 排泄への対応から生じる衛生保持のむずかしさ
- トイレの失敗時の片づけが十分でなく臭いがついてしまう

↓ こんな工夫も

- 足浴など部分的な清潔から取り組む
- 本人に合ったパッドや下着の見直し
- ヘルパーによる定期的な洗濯や掃除

出典：筆者作成

③ 排泄への対応から生じる衛生保持がむずかしい場合

排泄は日常的なことであり、本人の尊厳保持に非常に関わることです。どうするのがよいか、本人とていねいに時間をかけて考えていくことが大切です。

何度も続けてトイレに間に合わないようなら、パッドや下着を本人に合ったものに見直す必要があるでしょう。最近はいろいろな種類の紙パンツなどが開発され、見た目も気にならず歩きやすい薄型の紙パンツなどもあります。また、着替えるタイミングでパジャマや服といっしょに紙パンツをセットすれば、抵抗なく使える可能性もあるでしょう。

排泄を失敗した後の床やベッドの掃除や衣類の洗濯も、支援がうまく入れば、臭いを改善していけるでしょう。費用はかかりますが、防臭の床への張り替えなども一つの方法です。

本人がヘルパーの利用を受け入れている場合は、ヘルパーが状況を適宜確認し、さりげなく声をかけたりこまめに洗濯や掃除をしたりすれば、清潔を比較的保てる可能性があります。

3 生活を維持する上での経済的危機とその対応の工夫

(1) 生活を維持する上での経済的危機

私たちが生きていく上で、お金は切っても切れないものです。自分が得たお金は自分で管理し、自由にしたいと考えるのは自然なことです。しかし、認知機能が低下していくと、金銭をめぐるトラブルが起きたり課題が生じたりしやすくなる現実があります。

特に、生活を維持する上での経済的危機が生じる状況には、主に①金銭管理のむずかしさ、②他者による金銭の搾取、③悪徳商法などの消費者被害、の三つがあげられます。

① 金銭管理のむずかしさ

お金の管理は生活に直結するため、ひとり暮らし認知症高齢者は特に敏感になる傾向があります。そのため多くのひとり暮らし認知症高齢者が、専門職などに対しても、金銭管理を任せることに躊躇します。

しかし、家賃や水光熱費の支払いがうまくできなくなると、賃貸の場合は住まいを失う可能性が出てくるほか、ライフラインが止まってしまう可能性もあります。そうなると、それまで当たり前だった本人らしい尊厳のある生活を続けることがむずかしくなってしまいます。

認知機能の低下が日常的な金銭管理に及ぼす影響として、図表4-3の内容が示されています。通帳やキャッシュカード、印鑑などが大事だという認識はあり、それらは大切に保管しています。しかし、大

図表4-3　認知機能の低下が金銭管理に及ぼす影響

認知機能障害	日常的な金銭管理をする上で生じうる困りごと
記憶障害	・お金を引き出したことを覚えていない ・現金や印鑑、通帳等の保管場所が分からない ・どこに対して何の支払いをしたのかの記憶が曖昧になる
注意障害	・ATMに、通帳やカードを置き忘れる ・買い物をした際、お店に財布を置き忘れる
実行機能障害	・ATMの使い方が分からない ・電子マネーのチャージ方法が分からない

出典：成本ら（2021）

事にしているがゆえに普段と違うところに保管すると、その場所がわからなくなってしまいがちです。またそれによって、再発行の申請に何度も銀行の窓口に行くことになりかねません。そのほか、キャッシュカードの暗証番号がわからなくなり、ＡＴＭで何度も番号入力を間違えると、時にはお金を引き出せなくなることも起こりえます。

エピソード②

金銭管理のむずかしさ

カズノリさん（仮名・70代・男性）は要介護2で、持ち家に住んでいました。半年前までは一人で考え判断し、できることは継続していました。

最近になって、コンビニ払いの電話料金を滞納するようになってしまい、3か月滞納した頃に利用を止められてしまいました。電話で連絡を受けることを重視している人でしたから、非常に困ってしまいました。自身では払っていたつもりでしたが、払うこと自体を忘れてしまっていたようです。介護支援専門員がカズノリさんとしっかり話して、銀行引き落としの手続きをしました。

その1か月後に、今度は電気が止められてしまいました。電気も電話料金と同様にコンビニ払いでした。カズノリさんは心配性なところがあり、払った証拠を残したくて、毎回コンビニで払っていたようです。支払いなどの管理ができなくなることで、その方法のむずかしさが表面化しました。

電気が止まった日はかなり暑い日でした。カズノリさんも困り、隣家に状況を話しに行ったそうです。できるだけ早く通電するよう、介護支援専門員、ヘルパー、近隣の人、そしてカズノリさんがあの手この手で手続きを行い、約6時間後に復旧しました。
その後、電話料金と同様に電気料金も銀行引き落としにしました。それにより、ライフラインが止まることはなくなったそうです。

② 他者による金銭の搾取

ひとり暮らし認知症高齢者は、周囲の人たちから在宅での暮らしを続けていく力添えを得られる場合が多い一方で、その人たちから権利を侵害されてしまう場合もあります。大きな権利侵害の一つに高齢者虐待があります。高齢者虐待は五つに分類されていますが、その一つに経済的虐待（本人の財産を不当に処分したり、本人から不当に財産上の利益を得たりすること）が位置づけられています。

２０２３年度の高齢者虐待の調査結果（厚生労働省、２０２４）によると、養護者による高齢者虐待についての相談・通報件数は４万３８６件、虐待判断件数は１万７１００件で、調査が始まった２００６年と比べて増加傾向にあります。この調査はひとり暮らし認知症高齢者に特化したものではありませんが、虐待の発生要因については、被虐待者である高齢者の「認知症の症状」が56・４％で最多です。何らかの虐待を受けている高齢者の約半数は、認知症であることがわかります。

経済的虐待の件数は２７７３件で、全虐待件数の15・９％に相当します。経済的虐待の主な内容には「年金・預貯金の無断使用」「必要な費用の不払い」「日常生活で必要な金銭を渡さない・使わせない」

などがあげられています。息子や娘ら実子がひとり暮らし認知症高齢者の貯金や年金を使い込んで、本人に必要な医療や介護サービスなどが十分利用できなくなることもあります。経済的虐待者である家族が支援を拒否してしまえば、専門職も本人の支援に十分関われなくなる事態が生じかねません。

家族だけでなく、近隣に住む人や友人から経済的な被害を受けることもありえます。特に、昔からのつき合いではなく、要介護の状態になってから形成された近隣や友人関係で、毎回会いに来る謝礼として、本人が相手にお金を渡している例もあります。感謝の気持ちも大事ですが、相手が金銭目的で関わっている場合は、度を越すと本人の財産に影響を及ぼす可能性があります。

特に、身寄りのないひとり暮らし認知症高齢者の場合、状況の変化に気づける人が身近にあまりいないこと、何か被害にあっていてもそれらを見極めにくいこと、周りにＳＯＳを発して助けを求めにくくなることなどが重なり、継続的に被害にあうこともありえます。

また、ひとり暮らし認知症高齢者が経済的に困窮している場合、在宅での生活がむずかしくなった際に施設サービスの選択肢が少なく、住み慣れた地域から離れざるをえなくなってしまう、という指摘（永由ら、２０１４）もあります。本人の意思に反してしまうことに加え、認知症の人は環境変化に伴うリロケーションダメージが強いことを踏まえると、注意が必要な指摘です。

③ 悪徳商法などの消費者被害

第１章のキミさんが金《きん》の購入詐欺にあったように（39頁参照）、ひとり暮らし認知症高齢者は訪問販売などの被害を受けやすい状況があります。しかも、一人で過ごす時間が長く、被害にあったことに誰かが気づく場面が少ないため、問題が顕在化しにくい傾向があります。

加えて、訪問販売の人はやさしく接する術に長けていて親切に見えることが多く、さびしさや孤独を感じている場合には特に、本人も「よくしてもらっている」「話をよく聞いてもらえる」などと受け止める傾向があります。

悪徳商法などの消費者被害については、消費生活センターに寄せられる相談から内容を把握することができます。消費者庁より毎年「消費者白書」が公表されています。「令和5年版消費者白書」では高齢者の消費について特集が組まれています。その内容によると、2022年の高齢者の消費生活相談は全体の約3割を占めます。主な販売購入形態別に高齢者の占める割合を見ると、消費者を訪問し貴金属などを買い取る「訪問購入」では6割以上、「訪問販売」では5割弱と、いずれも高くなっています。高齢者は自宅にいることが多いため、訪問による勧誘の対象になりやすいと報告されています。

認知症等の高齢者（精神障害や知的障害のある高齢者も含む）からの消費者生活相談件数は、近年8000件台で推移しています。高齢者全体の状況と比べて特徴的な点として、本人からの相談割合が低いことがあげられます。高齢者全体では、本人からの相談の割合は8割ですが、認知症等の高齢者では約2割にとどまっています。

また、2022年の消費者生活相談1件あたりで購入契約をして実際に払った「平均既支払額」は、高齢者全体では42・6万円、認知症等の高齢者では73・9万円と、認知症等の高齢者の消費者被害はより深刻です。さらに、年齢区分が高くなるほど消費生活相談に占める認知症等の高齢者の割合が高くなっています。判断能力の低下が背景にあるほど、消費者トラブルの割合が高くなる傾向が指摘されています。

認知症等の高齢者の販売購入形態割合を見ると、「訪問販売」が32・2％と高く、事業者にすすめられるままに契約したり、買い物を重ねたりするなどの被害にあいやすい傾向がわかります。一方で、「おかしい」と気づいたり感じたりしても、気力や判断力の低下などから悪徳業者の執拗な勧誘を断れなくなり、被害にあいやすいことも指摘されています（池田、２０１１）。第1章のキミさんも、決して何もかもわからない状況だったわけではなく、被害にあってからのつらい気持ちも強いものでした（39頁参照）。

どうすれば悪徳商法の消費者被害にあわないようにできるのかは、重要な課題です。ただし、認知症でかつひとり暮らしであるがゆえに被害届が出されず、表面化しにくい上に、実態把握は行われていないと指摘されています（栗田、２０２２）。ひとり暮らし認知症高齢者は、前述した以上の消費者被害等にあっている可能性があります。

（2）生活を維持する上での経済的危機への対応の工夫

①　金銭管理がむずかしい場合

金銭管理に関しては、権利擁護支援の観点から「日常生活自立支援事業」が実施されています。この事業の対象は、判断能力が不十分ながらも、この事業の契約内容について判断しうる能力を有すると認められる人、とされています。都道府県・指定都市社会福祉協議会が実施主体となり、利用者との契約にもとづき、サービスが提供されています。

提供されるサービスは、必要な福祉サービスの利用や行政手続きなどを支援する「福祉サービスの利用援助」を基本に、「日常的金銭管理サービス」「書類等の預かりサービス」なども含まれます。

日常的な金銭管理サービスについては、サービス利用料や公共料金または家賃の支払いなどの支援が行われています。これらの支援を通して生活基盤の安定、また必要な支援とのつながりを広げていくことが重要とされています（全国社会福祉協議会地域福祉部、２０１９）。

日常生活自立支援事業の支援の範囲を超えて、本人の預貯金の管理がむずかしくなってきたり、介護サービスなどの契約が締結できなかったりする場合は、２０００年に導入された成年後見制度の活用も必要となるでしょう。成年後見制度には、本人の判断能力に応じて、後見、保佐、補助などの制度があります（法務省民事局、２０２２）。権利擁護の視点からも、これらの仕組みを適切な時期に活用していくことが重要です。

また、鍵などをなくしたときに音や光で場所を知らせるキーファインダーのタグを、財布などの大事なものにつけておく方

キーファインダー

法も、効果を発揮する可能性があります。筆者も携帯電話を置き忘れ、家のなかで探すことがよくありました。スマートウォッチの携帯電話を探す機能を使って、音で場所を把握できるようになってから、探す時間が減りました。便利なグッズを活用するのも備えとして大事だと実感しています。

さらに、ＡＴＭでお金を引きだす手順などを、簡略化してまとめたり、必要な段階をイラストや写真で提示したりして工夫すると、何をどのようにしたらよいかがわかり、自分でできることを奪わずに取り組んでもらえることにもつながります。また、銀行の窓口の人や担当者と顔なじみになり、いざというときに親身になって関わってもらえる関係性をつくっておくことも一つの方法といえるでしょう。

② 他者による金銭の搾取の場合

他者による金銭の搾取に関しては、権利擁護の視点での関わりが大切です。本人の利益が損なわれている場合は、それを保護するために、時には危機介入が必要になる場合があります。本人の置かれている状況を多面的に捉え、必要なときに迅速に対応できるような専門職の関わりが大切です。

なお、高齢者虐待防止法の正式名称は「高齢者虐待の防止、高齢者の養護者に対する支援等に関する法律」であり、虐待者を罰することが目的ではありません。いかに虐待を防いでいくのか、虐待者への支援を強化していくことで、その状況を改善していく視点が重要です。

もちろん、虐待は肯定されることではありません。しかし、虐待者が経済的虐待を行うに至るまでにはさまざまな背景があることを理解し、そのことを踏まえた支援が重要です。また、養護者が生活困窮に陥っている場合もあり、社会福祉協議会が提供する生活福祉資金貸付制度や、自治体が行う生活困窮者自立支援制度につないでいく支援も必要でしょう。

③ 悪徳商法などの消費者被害の場合

ひとたび消費者被害にあうと、立て続けに被害を受けることがあります。これらを防ぐには、さまざまな人たちが本人の様子の変化や人の出入りに注意を向けていくことが大切です。

消費者庁では、認知症等の高齢者が消費者被害にあわないために、「高齢者・障がい者の消費者トラブル見守りガイドブック」で声かけのポイントを紹介しています。また国民生活センターは、見守りに活用できる「見守り新鮮情報」でトラブル事例を、イラストつきでわかりやすく発信しています。

図表4-4　生活を維持する上での経済的危機への対応の工夫

① 金銭管理のむずかしさ
- ライフラインの支払いなどが滞る
- 通帳の保管場所や暗証番号がわからなくなり、引き出せなくなる

こんな工夫も

- 引き落としの手続きなどをして、確実に支払いができるようにしておく
- 保管場所を決めたり、キーファインダーなどを活用したりする
- 日常生活自立支援事業などを利用する

② 他者による金銭の搾取
- 経済的虐待で必要な支援が利用できない

③ 悪徳商法などの消費者被害
- 訪問販売などの被害にあい、不必要な物品を購入してしまう

こんな工夫も

- 家族介護者の生活上の課題への支援にも目を向けていく
- 権利擁護の視点で本人の変化に気づく人を増やして見守っていく

出典：筆者作成

なお、訪問販売で高額な商品を購入してしまった場合など、一定の期間内であれば無条件で契約の申し込みを解除できるクーリング・オフが活用できます。クーリング・オフができる期間は限られているため、やはり早めに気づく環境づくりが大事です。ただし、インターネットを用いた通信販売はクーリング・オフの対象となりませんから注意が必要です。

消費者庁「高齢者・障がい者の消費者トラブル見守りガイドブック」(2020年)

4 対人関係の不調和とその対応の工夫

(1) 対人関係の不調和

私たちは一人の個人として存在します。しかし、人間は社会的存在といわれるように、一人で生きていくことはできず、程度の差はあるものの、社会のなかで他者との相互関係によって存在しています。特に近しい家族や親族、そして友人や同僚、さらに近所の人たちなどとの、さまざまな関わりがあります。

認知症が進行していく上で、見当識の低下や社会的認知機能の低下により、これまでの人生で培ってきた関係性が意に反して悪化することもありえます。特に、ひとり暮らし認知症高齢者の対人関係の不調和については主に、①家族や親族との関係の不調和、②近隣住民との関係の不調和、の二つがあげられます。

① 家族や親族との関係の不調和

ひとりで暮らしている認知症高齢者と家族や親族との関係については、次のように大きく四つに分類できるでしょう。

Ⓐ近居や遠方の子どもから部分的に支援を得られる場合
Ⓑ未婚であるが兄弟姉妹や姪や甥などから部分的に支援を得られる場合
Ⓒ既婚歴はあるが離婚等を経て、家族関係がもともと悪く支援が得られない場合
Ⓓ未婚で、支援を担う兄弟姉妹や姪や甥などの身寄りもなく支援が得られない場合

Ⓐについては、もともとの家族関係が良好であれば多くの場合、基本的な生活上の支援を得ることができます。Ⓑについては、キーパーソンが遠縁の親戚などであれば日常的な支援をあまり望めない場合がありますが、本人の支援に関わりをもつキーパーソンとして必要な支援に携わっている例は比較的多く耳にします。

しかしⒶ、Ⓑともに、認知症の症状の進行やひとり暮らしの長期化で、関わりが薄れていくことがあります。たとえば、介護支援専門員が電話しても、家族の応答回数が明らかに減っていく話を聞き

ます。また、マンションの管理人から聞く苦情が苦痛で、管理人に会わないよう遠回りして訪問していた家族も、次第に足が遠のいていく場合があります。このようにして家族の疲弊や疎遠化が見られることがあります。

Ⓒについては、これまでの家族関係が現在の不調和につながっている状況です。専門職から連絡がとれても関わり自体を拒否される場合が多く、基本的にはⒹの場合と同様に、家族や親族からの支援を得るのがむずかしい状況です。

② 近隣住民との関係の不調和

地域によって住民同士のつながりは異なります。古くからのつき合いが数十年にわたって続いている地域もあれば、マンションが多く、隣人の名前も顔も知らないという地域もあります。また、その人がしてきたこれまでの近所づきあいの程度によっても、近隣住民との関わりは異なります。

これまでの関係性がある程度あったとしても、ゴミの分別がうまくできなかったり、不衛生で悪臭がしたり、火の不始末でボヤ騒ぎなどが起きたりすると、迷惑な行為として捉えられ、地域住民との関係が悪化しやすくなります。

そのほか、本人の不安が募って1日に何度も近所の家を訪ねたり、それを昼夜問わずくり返したりする状況になると、敬遠されてしまうこともあります。近隣住民の暮らしに影響を及ぼし、そこに否定的感情が伴うと、近隣住民の苦情となって表面化する傾向があります。

エピソード③

地域住民との関係の不調和

ノリコさん（仮名・90代・女性）は、要介護3で持ち家住まいでした。長年同じ地域に住んでいますが、耳が遠くなり、コミュニケーションが少しむずかしくなってきていました。

最近、夜中の1～2時頃に近所の家のドアをドンドンとたたくようになりました。ノリコさんは、一人だと怖くて不安になるからそばにいてほしい、という趣旨の話をするようです。近所の人はドアを開けて話を聞き、自宅まで送って行く状況です。しかし、その近所の人もひとり暮らしで、夜中に来られるとやはり怖い、とのことでした。

その後、地域のなかにその話が広がってしまいました。ノリコさんの娘やヘルパーはその地域の人から「またこういうことがあっては困るから、どうにかしてくれ」と言われるようになりました。

ノリコさんの娘は、もうここに住み続けることはむずかしいかもしれない、という気持ちになったそうです。

（2）対人関係の不調和への対応の工夫

① 家族や親族との関係の不調和の場合

家族や親族との不調和はしばしば、これまでの関係性が大きく影響しています。そのため、専門職の働きかけでは改善がむずかしいこともよくあります。

ただ、一部の人でも関わりをもってもらえる場合には、本人とつながり続けるために、専門職からの働きかけが大切になります。家族介護者自身が認知症について知る機会や、同じ立場の家族介護者と話せる家族介護者教室などを紹介することも、一つの方法でしょう。

家族介護者にも生活があり、その状況を理解する必要があります。専門職が、家族だからということだけを強調してその責任を家族に求めると、うまく関われない場合があります。家族の気持ちをていねいに聞き、紡ぎ直せることがあれば、そこを足がかりにして本人との橋渡しをしていく意識をもつことも、支援者として大事にしたいところです。

②近隣住民との関係の不調和の場合

近隣住民との関係の不調和については、専門職による関わりで改善する可能性はあるものの、現実的にはその調整は容易ではありません。

ただ、本人に関わる人たちに認知症について適切な理解をしてもらうことはとても重要です。家族からのさりげない支援が受けられないひとり暮らし認知症高齢者にとっては、近所の人や知り合いの声かけがあると安心です。さらに、本人のちょっとした困りごとに対して、小さなことでもサポートが得られる環境があると、住み続けられる可能性は高くなるでしょう。本人の行動の背景にあること、本人が生活上で直面している課題や気持ちを、「認知症」とひと括りにせずに知ってもらえれば、考え方を変えたり関わり方を工夫したりしてもらえる可能性はあります。

地域ごとにその方法はさまざまですが、本人に関わる人たちが集まり話し合いをする個別地域ケア会議や個別カンファレンスに地域住民にも参加してもらう取り組みが、全国的に実施されています。何かあったときには専門職が必ず関わることを地域住民に知ってもらうことも、安心の材料になります。

また、たとえばあるひとり暮らし認知症高齢者を支えるチームづくりに取り組むことは、その本人との関わりのみならず、地域で暮らすほかのひとり暮らし認知症高齢者への関わり方を考えていくことにつながるといえるでしょう。

さらに認知症カフェは、認知症の本人や家族、地域住民、専門職など、認知症に関心のある誰もが気軽に集まり、仲間づくりや情報交換を行う拠点です。この認知症カフェを、地域でひとり暮らし認知症高齢者が通える範囲につくり、理解の輪や関わりの輪を広げていく取り組みも、全国で進められています。

図表4-5　対人関係の不調和への対応の工夫

① 家族や親族との関係の不調和
- 家族の疲弊や疎遠化
- これまでの家族関係からの拒否

② 近隣住民との関係の不調和
- 異臭やボヤ騒ぎなどによる住民の不安

↓ こんな工夫も

- 家族介護者教室などの紹介によるピアサポート
- 本人に関する細やかな情報提供
- 地域ケア会議やカンファレンスへの参加

出典：筆者作成

5 必要な受診やサービス利用の困難とその対応の工夫

(1) 必要な受診やサービス利用の困難

ひとり暮らし認知症高齢者が専門機関や専門職とつながると、生活上の課題を踏まえて訪問介護や通所介護などの介護保険サービス、配食サービスや認知症カフェなどインフォーマルサービスの利用をすすめられることがあります。また、医療の必要性から継続的な受診が重要な場合もあります。

家族や専門職は、本人のひとり暮らしを維持する上でそれらのサービスの利用が必要だと考えている一方、それをうまく利用できない状況もあります。このような状況については主に、①本人がサービス利用を明確に希望しない、②利用日の忘却などによる利用困難、があげられます。

① 本人がサービス利用を明確に希望しない

ひとり暮らし認知症高齢者がサービスの利用を希望しないのは、もともと誰かに頼りたくない、誰かに迷惑をかけたくない、という気持ちが強い人によく見られます。また、本人には自分でできているという思いがあり、サービス利用の必要性を感じていない場合にもよくあります。さらに、医療の必要性から受診をすすめても、本人が受診を希望しない場合もあります。

サービス利用をなぜ希望しないか、その背景はさまざまです。専門職は、それらを一つずつ理解していく必要があります。ただ、その過程で本人の生活の質が落ちていく事態に直面すると、専門職としてのジレンマに陥りやすく、本人の尊厳ある暮らしが成り立っているのだろうかと不安にもなる、ということもよく聞きます。

② 利用日の忘却などによる利用困難

サービス利用が困難になる要因として、事前にヘルパーの訪問時間や通所介護の送迎時間を伝えていても、それらを忘れて外出している場合があります。第2章のハルさんのように通所介護の送迎時間に間に合わず、サービスの利用がむずかしい場合もあります（58頁参照）。あるいは自宅にいても、本人は時間の感覚が保てなくなって睡眠のタイミングがずれ、訪問時に寝ていて玄関まで出て来られない場合もあります。本人が意図的にしていなくても、そのようなことが続くと介護事業所はサービスを提供できない状況になってしまいます。

訪問介護は、キャンセル料が発生する場合があります。追加料金が発生することに理解と納得が得られなければ、本人がサービスを断ってしまうこともあります。

都市部では最近、特にオートロックのマンションで、本人がインターホンに出ない、あるいはインターホンの対応や操作がうまくできない場合に、ヘルパーが部屋にたどり着けない事態が増えていると聞きます。認知症高齢者のひとり暮らしに高いセキュリティは重要ですが、それを本人がうまく使えなくなって必要なサービスの利用が困難になる状況は、今後さらに増える可能性が高そうです。

(2) 必要な受診やサービス利用の困難への対応の工夫

① 本人によるサービス利用の明確な拒否の場合

ひとり暮らしをする認知症高齢者のなかには、「まだまだ私はできるのに」と思い、「人の世話になりたくない」「迷惑をかけたくない」という自立の思いを訴える人がいます（第2章67頁参照）。それでも認知症の場合、本人が意図しなくても、症状の悪化や認知機能の低下がもたらす状況により、家族や親族あるいは近隣住民との不調和が顕在化して孤立していくこともあります。

そういう状況でも、息の長い関わりのなかで少しずつ信頼関係を積み上げていき、本人に「あなたがそこまで言うなら」と言ってもらえる場面もあります。基本的なことですが、やはりていねいな「つながり」づくりが重要です。

また本人といっしょに、できること、できにくくなってきていることを整理するほか、これがあったらより便利になることなどをリストアップしていくことも、一つの方法でしょう。

② 利用日の忘却などによる利用困難の場合

利用日を忘れてしまう場合は、本人にわかるように大きめのカレンダーに印をつけたり、訪問するたびに次の訪問予定を冷蔵庫の前に張ったりする、などの工夫がされています。

また、携帯電話やスマートスピーカーなどのＩＴ機器を早い段階から使いこなし、スケジュールを音声などで伝えて忘れないように工夫している例を聞く機会も増えました。
こうした機器の活用については一律でなく、本人が使いづらい部分をその人に合った方法で補完していけるように考えることが大事です。技術の向上で、それらがさらに可能になっていくでしょう。

図表4-6　必要な受診やサービス利用の困難への対応の工夫

① 本人がサービス利用を明確に希望しない
・自分でまだできる、頼りたくない
② 利用日を忘れるなどによる利用困難
・時間の感覚が保てないなかで忘れてしまう

こんな工夫も

・本人のできること、できにくくなっていることをいっしょにピックアップしていく
・ITなどを利用して、スケジュールのリマインドを定期的に行う

出典：筆者作成

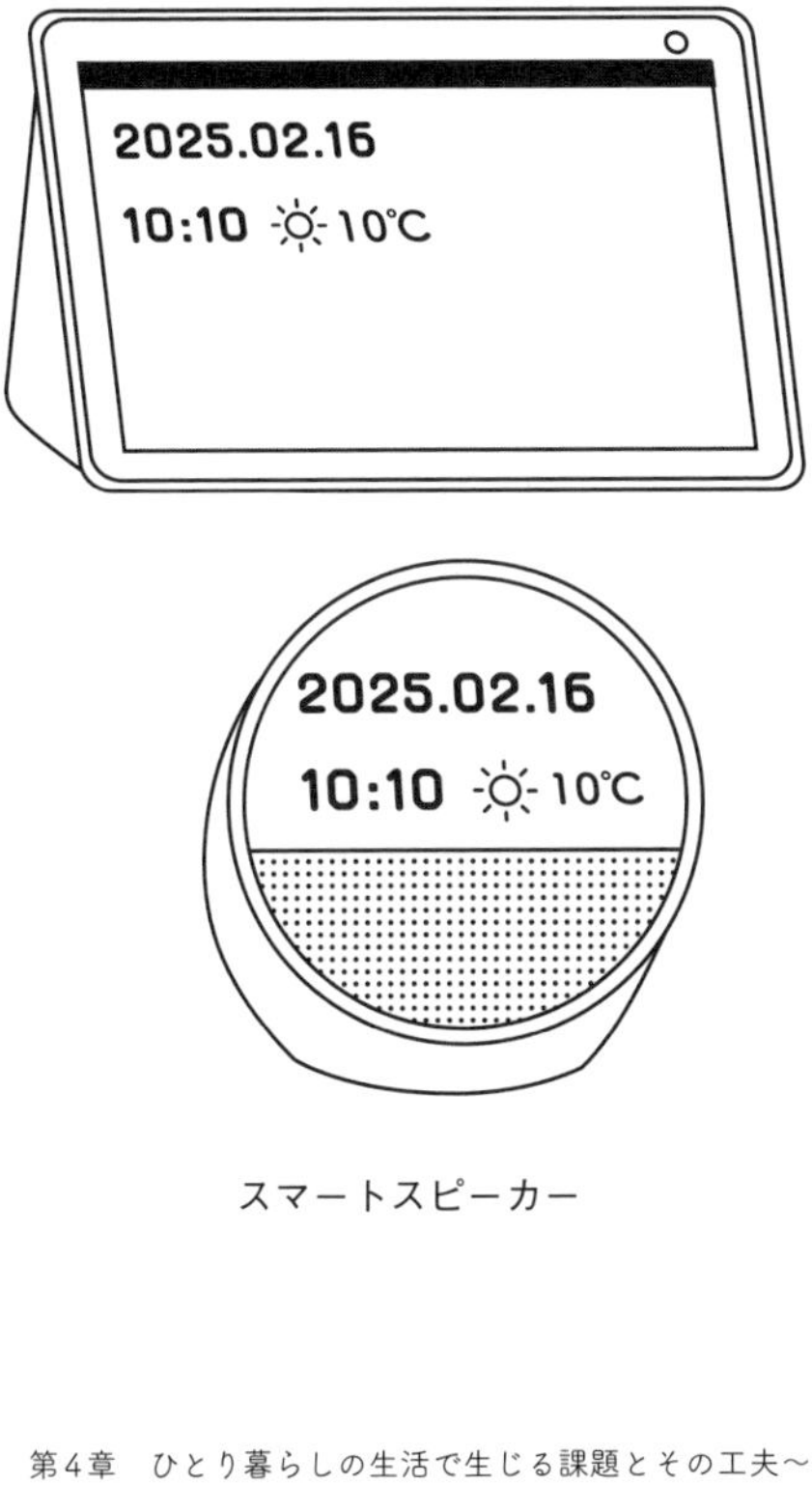

スマートスピーカー

6 ひとり暮らし認知症高齢者が直面しやすい生活課題

第3章と本章で紹介してきた生活課題は、どれくらいの割合のひとり暮らし認知症高齢者が直面しているのでしょうか。筆者が居宅の介護支援専門員を対象に行ったアンケート調査の結果の一部から、その大枠が見えてきます。ただし調査は2020年実施のため、本章で触れた全項目には対応していません。

アンケート調査では、居宅の介護支援専門員に、これまで担当した人のなかで在宅継続が困難となり在宅生活を中断したひとり暮らしの認知症高齢者を一人思い浮かべてもらい、その事例の状況をふり返ってもらいました。そのなかで直面した課題についての調査項目に、どの程度あてはまるかどうかを回答してもらいました。その結果が図表4-7です。

「あてはまる」割合が最も高かった生活課題は「金銭管理ができない（62・9％）」でした。次いで「命には関わらないが日常の服薬管理ができない（48・1％）」「火の不始末がある（48・1％）」「食生活の乱れがあり、栄養面で課題がある（46・7％）」「分別が必要なゴミを決められた日に出せない（43・5％）」が上位5番目まででした。これらの課題は、4～6割のひとり暮らし認知症高齢者が直面しているといえそうです。

また、「あてはまる」と「まああてはまる」の合計値は「金銭管理ができない（91・3％）」が最も高く、次いで「命には関わらないが日常の服薬管理ができない（90・7％）」でした。この2項目は、9割を超えるひとり暮らし認知症高齢者が直面している生活課題だとわかりました。

在宅生活を中断することになった際の要介護度は、要支援1が1・4％、要支援2が3・8％、要介護1が13・9％、要介護2が27・2％、要介護3が38・0％、要介護4が11・0％、要介護5が4・6％でした。

独居と非独居の認知症高齢者の2年後の在宅継続率を比較した研究では、独居の場合は統計的に有意に在宅継続率が低く、要介護3で在宅継続率が最も低いこと（川越ら、2021）が示されています。これらを踏まえて調査結果を見ると、要介護3の状態はひとり暮らし認知症高齢者が在宅生活を続けられるかどうかの大きな分岐点になるかもしれません。

ひとり暮らし認知症高齢者が社会との不調和から生じる課題を多く抱えていくと、本人のQOLが加速度的に低下していきます。すでに起きてしまっていることに対応可能な工夫もありますが、どうしても対処療法的になってしまいがちです。

私たちは誰でも認知症となりえます。認知症を抱えながらひとり暮らしをする可能性もあります。そういう状況を想定してできる範囲の備えをしておくことは、ひとり暮らし高齢者が未曾有の規模で増えると予想される社会では必要なことでしょう。

図表4-7　ひとり暮らし認知症高齢者が直面する生活課題の割合（N=325）

		あてはまらない	あまりあてはまらない	まああてはまる	あてはまる	あてはまる・まああてはまる小計
1）健康管理の乱れに関する項目	命に関わる服薬管理ができない	6.7%	20.0%	34.5%	38.8%	73.3%
	命には関わらないが日常の服薬管理ができない	4.1%	5.2%	42.6%	48.1%	90.7%
	食生活の乱れがあり、栄養面で課題がある	4.6%	8.1%	40.6%	46.7%	87.2%
2）生命の安全をおびやかしうる危機に関する項目	火の不始末がある	6.7%	10.4%	34.8%	48.1%	82.9%
	馴染みの場所で迷子になる	9.0%	20.0%	34.8%	36.2%	71.0%
	信号無視など危機に関する認識が低い	10.7%	22.0%	39.7%	27.5%	67.2%
3）衛生状態の乱れに関する項目	分別が必要なゴミを決められた日に出せない	4.6%	12.5%	39.4%	43.5%	82.9%
	ゴミなどをため込み、不衛生な環境で暮らしている	9.3%	20.3%	38.0%	32.5%	70.4%
	排泄時の自立が維持できない	7.2%	11.9%	42.3%	38.6%	80.9%
4）生活を維持する上での経済的危機に関する項目	金銭管理ができない	4.1%	4.6%	28.4%	62.9%	91.3%
	訪問販売などによる消費者被害を受ける	9.9%	22.6%	40.9%	26.7%	67.5%
5）対人関係の不調和に関する項目	家族の協力が得られない(身寄りがない場合も含む)	7.8%	21.7%	44.9%	25.5%	70.4%
	家族の在宅生活継続へのこだわりがない	8.7%	20.3%	45.8%	25.2%	71.0%
	家族が本人の生活に不安を感じている	9.0%	12.5%	39.4%	39.1%	78.6%
	地域住民同士が助け合うという地域性がない	10.1%	27.5%	47.5%	14.8%	62.3%
	本人と近隣住民との関係性が悪い	15.1%	35.1%	36.2%	13.6%	49.9%
	近隣住民の協力が得られない	9.9%	25.8%	46.7%	17.7%	64.3%
6）必要な受診やサービス利用の困難に関する項目	介護サービス利用に拒否がある	13.6%	25.8%	42.6%	18.0%	60.6%
	介護サービスの利用日を忘れる	5.8%	10.1%	47.5%	36.5%	84.1%

出典：中島（2021）の調査結果をもとに筆者作成

そのためにも今後、各課題に対する工夫や取り組みの情報をより多くの人たちから聞いて蓄積し、備えの引き出しをたくさんもつことが重要です。

参考文献

粟田主一（2022）「独居認知症高齢者等が安全・安心な暮らしを送れる社会環境の創出に向けて」『老年精神医学雑誌』33（3）211〜217

法務省民事局（2022）「いざという時のために知って安心　成年後見制度・成年後見登記制度」http://www.moj.go.jp/content/001287467.pdf（2024年12月10日閲覧）

池田惠利子（2011）「経済被害を防ぐために―独居高齢者をいかに支えるか―」『老年精神医学雑誌』22（7）815〜824

環境省環境再生・資源循環局（2021）「高齢者のごみ出し支援制度導入の手引き」https://www.env.go.jp/content/900534139.pdf（2024年12月10日閲覧）

川越雅弘・南拓磨（2021）「独居／非独居認知症高齢者の在宅継続率及び移行先の差異」厚生労働科学研究費補助金認知症政策研究事業「独居認知症高齢者等が安全・安心な暮らしを送れる環境づくりのための研究」令和2年度総括・分担研究報告書32〜37

川畑智（2023）「認知症の人が見ている世界と生活支援　第6回お風呂に入りたがらない　入浴拒否」『おはよう21』48〜51

香山真衣子・中島富有子他（2020）「認知症高齢者に対する効果的な口腔ケアに向けた文献検討」『日本看護科学会誌』40　587〜593

岸恵美子（2023）「セルフ・ネグレクトと高齢者（認知症を含む）の孤立」『日本認知症ケア学会誌』22（3）515〜523

厚生労働省（2024）「令和5年度『高齢者虐待の防止、高齢者の養護者に対する支援等に関する法律』に基づく対応状況等に関する調査結果」https://www.mhlw.go.jp/content/12300000/001366830.pdf（２０２４年12月10日閲覧）

森純一（２０２２）「認知症とともに一人暮らす高齢者の金銭管理と権利擁護支援」『老年精神医学雑誌』33（３）２５７～２６２

牧洋子（２０１８）「社会生活障害としての認知症とその支援～自律的相互依存支援の提案」『認知症ケア研究誌』２　66～77　https://www.dcnet.gr.jp/pdf/journal/t30_j_20180410_sousetsu05.pdf（２０２４年12月10日閲覧）

三菱ＵＦＪリサーチ&コンサルティング（２０２１）「在宅介護実態調査結果の分析に関する調査研究事業【報告書】」https://www.murc.jp/wp-content/uploads/2021/04/koukai_200423_1.pdf（２０２４年12月10日閲覧）

中島民恵子（２０２１）「独居認知症高齢者の在宅生活継続のリスク尺度に関する研究　研究成果報告書」

永由義広・鈴木克巳他（２０１４）「認知症高齢者の福祉と経済問題―福祉の現場からみえること―」『老年精神医学雑誌』25（６）６３６～６４３

成本迅・樋山雅美（２０２１）「人生１００年時代の生活設計における認知症の課題」『生命保険論集』２１６　１５５～１６９

小原由紀（２０２１）「認知症の人に対する口腔衛生管理」『老年歯学』36（１）25～27

齋藤正彦（２０２３）「高齢者の社会的孤立・孤独と認知症」『老年精神医学雑誌』34（２）１４０～１４６

消費者庁（２０２３）「令和５年版消費者白書」https://www.caa.go.jp/policies/policy/consumer_research/white_paper/2023/index.html（２０２４年12月10日閲覧）

鶴谷奈津子（２０１１）「認知症・パーキンソン病と高次脳機能障害　パーキンソン病の認知機能障害」『高次脳機能研究』31（３）２６１～２６８

山口晴保（２０１９）「第１章　認知症の基本的理解」介護福祉士養成講座編集委員会編集『最新　介護福祉士養成講座13　認知症の理解』中央法規　２～31

全国社会福祉協議会　地域福祉部（２０１９）「日常生活自立支援事業の今後の展開に向けて～地域での暮らしを支える意思決定支援と権利擁護（平成30年度日常生活自立支援事業実態調査報告書）」

COLUMN

ペットとひとり暮らしの高齢者

近年のペットブームの影響か、高齢の飼い主と、やはり高齢と思われる犬のペアが散歩している場面をよく見かけます。

シルバーカーを押しながら、片手にリードを持つ老婆。リードの先には小型犬。仔犬のような活発さは見るからになく、足が湾曲し、目もとや毛並みに老いを感じさせる犬がゆっくりと歩いています。おそらく老婆は80代後半、老犬も人間の年齢にすると90歳くらいではないでしょうか。ときどき、老犬は老婆を見上げ、老婆も老犬を見て頷いていました。

「今日はいいお天気ね」

「足、大丈夫？」

「あなたこそ、お腰は大丈夫？（笑）」

そんな犬と人間の会話が聞こえてきそうなほほえましい雰囲気でもありました。

高齢者がペットを飼うことは、さびしさの解消や癒し、世話をするという役割の獲得、いっしょに外を散歩することでの運動効果、規則正しい生活の維持にもつながることでしょう。

しかし、ひとり暮らしの高齢者とペットに関しては、時として問題化してきます。

「暑いなかでもずっと歩き回る人がいて、もう犬がかわいそうだった」

「餌をいっぱいあげるから、（犬が）まん丸に太っている。チワワの顔だけど、チワワに見えない」

「散歩に行かなくて、いつも部屋に糞をしているから、それもヘルパーさんが片づけている」

こうした声を実際に聞きます。

「（本人の）施設入所が決まったけど、犬、どうしよう。いまはヘルパーさんが善意で餌をあげに行ってる。みんなで里親を探している。8歳なんだけど……。誰かいない？」

そう言いながらスマートフォンの画像を見せられたこともあります。

年を重ねるなか、自分の心身の衰えを感じ、認知機能の低下を自覚し、周囲の人との関係性も変化するなかで、ひとり暮らしの高齢者のペットとの絆はより強くなるのかもしれません。「犬は裏切らない」「自分がどうなってもこの子（ペット）だけは味方」というどこかで聞いた言葉がよみがえり、その言葉に込められているであろう数々の思いに重みを感じました。

ペットとひとり暮らしの高齢者……、ほほえましくもあり切なくも感じます。定年後に飼い始めた仔犬や仔猫は、あっという間に自分と同じ年になり、さらに老いていきます。ペットの保険やペットシッターや里親制度などもあるようですが、経済的にも情緒的にも躊躇する人が多いのでしょう。

ペットと飼い主の結末……、「フランダースの犬」のクライマックスシーンが浮かんできます。互いの存在を感じながら、眠るようにともに昇天できたらいいなと思うのは、身勝手な願いでしょうか。

（久保田真美）

第5章

本人らしさの維持の模索と本人の居所との折り合い

久保田真美・中島民恵子

認知症の高齢者本人ができる限り在宅での暮らしを望む場合に、少しでも長く在宅で暮らせるよう直面する課題や工夫などについて述べてきました。

一方で、施設など在宅ではない場への移行自体がマイナスに捉えられやすいと感じています。しかし、施設などで暮らす場合も、本人のこれまでの生活習慣やこだわりがていねいに受け止められ、本人が暮らしの変化に折り合いをつけながら生活していくことができれば、本人にとっての大事な暮らしの場になると考えています。

本章では、ひとり暮らしに終止符を打って住み替えた実際の事例を三つ紹介します。住み替え先はそれぞれ、ケアハウス、養護老人ホーム、グループホームです。

1 揺らぐ思いに支援者が寄り添い、自らの意思で入居を決めた90代女性

(1) ミヨさんの生活の変化と気づき

ミヨさん(仮名・90代・女性)は、シャキシャキとした動きとつややかな肌、まめに美容院に行っているとわかるカラーリングされた頭髪、歯切れがよく聞き取りやすい声、輝いた目とよく聞こえる耳など、一見、70代半ばと言っても通用するほど実年齢よりも若く見えました。

ミヨさんは約50年前から団地（エレベータなし）の5階に住んでいて、90歳を超えてからも自分で歩いて階段を登り降りしていました。20歳から60歳の定年まで郵便局に勤め、結婚歴はありますが子どもはいません。長年の勤めや明るい性格で友人も多かったことから、定年後のミヨさんは趣味や旅行、買い物、ランチ会などを楽しんでいました。

●近隣住民の一報を機に

ミヨさんに地域の支援者が入るようになったのは、向かい側に住む人が地域包括支援センターに次のような一報を入れたところからです。

「ひとり暮らしの90過ぎの人が、しっかりはしているけど、最近通帳がなくなったと騒いでいた。探すのを手伝いに行ったら、期限切れの保険証や古い物がいっぱい出てきた。家のなかも散乱している。（自分が）心配して手伝いに行くと怒るから、行ってあげてほしい」

支援者が訪問すると、確かに家のなかは散乱している部分もありました。生活空間である台所とすぐ横の和室は一見片づいて見えましたが、床には賞味期限の切れた缶詰や食料品があり、棚には埃を被った小物や小銭がありました。和室にはテレビと布団、新聞の束があり、日中はそこで過ごしている様子です。物置状態になっている2部屋には、空の鳥かご、人形やぬいぐるみのほか、電化製品の段ボールもありました。ハンドバッグや旅行鞄、本や週刊誌なども散乱状態でした。

支援者はこうした家の状況から、もともと片づけが得意ではなく、物を捨てられないタイプの人だと察しました。しかし、過去数十年の健康診断の結果や保険証、過去の10冊以上の通帳や印鑑など、大切なものはひとまとめにしてありました。

ミヨさんは自ら次のように話しました。

「私ね、もう90過ぎやから、ずっとここにいてもいいんだけど……、しんどいこともあるし、どっか入るところないやろか？　元気やから自分でできるし、何も困ってない。これまでの服とか荷物とか片づけるの手伝ってもらえたらええけどな」

ミヨさんは日時や曜日もわかっていました。決められた曜日の朝にゴミを出しに行き、生活協同組合の宅配の品物を受け取り、鉛筆で記載した注文書を渡していました。台所の水回りはきれいで、鍋で米を炊き、即席のみそ汁を半分ずつ使っていました。一方、電子レンジを使用している様子はなく、洗濯も手洗いのような感じでした。

「自分は何でもできる。人に頼る必要はない」

「もう90過ぎだ。先は長くない」

ミヨさんはこうくり返して、笑っていました。

後日、認知症外来を受診してアルツハイマー型認知症と診断されたときも、ミヨさんは「もう90過ぎやもん」と笑って頷いていました。

●要介護認定を受けて要介護1に

介護保険の認定調査のときに、調査員も「失礼な質問ですけど、全員にお聞きしています」と前置きして、日々の生活やＡＤＬ（日常生活動作）状況、認知機能に関する質問をしていました。ミヨさんは「人を馬鹿にしている。できるって言ってるのに」と不機嫌になりつつも、調査終了後は「ご苦労様です」とあいさつしていました。そして「要介護１」が認定されました。

ＡＤＬが自立していて、経済的にも余裕のあるミヨさんは、有料老人ホームやケアハウス、サービス付き高齢者向け住宅が適していると思われました。

施設に入るためには、身元保証人の問題もありました。ＮＰＯ法人の身元保証サービスを利用して入所先と契約しました。「お金の管理は私、できますから……」というミヨさんには、この時点で成年後見制度を受け入れてもらうことは無理でした。

そして、介護保険や身元保証人が整い、ミヨさんはまず体験に行くことになりました。

（２）最初の施設体験と自身の葛藤

有料老人ホーム（以下、ホーム）の体験の事前説明と申し込み手続きのために、施設の相談員がミヨさん宅を訪問したときのことです。

ミヨさんは「お世話になります。よろしくお願いします」と深々とお辞儀をして、スリッパを出し、部屋へ通していました。説明書と相談員の顔を交互に見ながら熱心に聞いていましたが、ミヨさんの顔が曇ったのが入浴の説明のときでした。

「お風呂はお一人で入っていただいて大丈夫です。脱いだ服は、カゴに入れていただいたら、職員が洗います。なので今回の体験でもシャツやズボンなど、隅っこに名前を書いておいてほしいんです」

その説明に、ミヨさんは一瞬固まった表情になってうつむきました。

「え？　洗濯機は部屋に置けないんですか？　その共用の洗濯機、私は使わせてもらえないのでしょうか。あのう、そちらに入っている方は、みなさん、自分でできない方々なんでしょうか？　私、まだ自分で自分のことはできるんです。人に洗ってもらうなんて……」

そのときは、今回の入所体験では洗濯物を出さなくてもいい、という話でまとまりましたが、施設の相談員が帰ったあと、ミヨさんは次のようにつぶやいていました。

「私はなあ、お勤めしとって、お母ちゃんにパンツとかも洗わせてしまってて、いま考えたら申し訳ないなあって思うわ」

●１日で帰った体験入居

体験の日の朝、支援者が迎えに行くとミヨさんは普段着のままでした。

「ああ、やっぱり行くのやめようかと思うわ。私、自分のことはできるし、もうええかな思うて……」

支援者は、愕然としながらも――。

「いやいや、行くだけ行きましょう。ホームでかわいいワンちゃんを飼っているって言ってたし、行くだけ行って嫌やったら帰りましょうか」

2泊3日分の準備をしてタクシーに乗って、ホームまで行きました。ホームに着くと、ミヨさんは玄関先の犬を見て笑顔になり、自室に案内され職員にもあいさつしていました。

翌朝、ホームの相談員から支援者の事務所に電話がかかってきました。

「ミヨさんが『帰る』と騒いでいる。『タクシーを呼んでほしい』、『呼ばなかったら警察呼ぶ』と言っている」

何が起きたのかわからないまま、支援者は迎えに行きました。ホームの受付に、ボストンバッグを持って帽子をかぶったミヨさんが静かに座っていました。顔を見ると目の周りが青紫に腫れていました。尋ねても、ミヨさんは「こけた」と言ったきりでした。ホームの職員も理由はわからないとのことでした。

自宅に戻るタクシーのなかでミヨさんは、外を眺めて言いました。

「もうええわ。自宅でがんばるわ」

翌日、ミヨさんに理由を尋ねると、「むかつくことが多かったんや」と、ほかの入居者の言動に傷ついたようでした。目の周りの打撲痕については、何度尋ねても「知らん。こけた」の言葉だけでした。

ホームの職員からの報告は、次のようなことでした。

「最初は穏やかに過ごしていました。昼ごはんのときに、同じテーブルの人とちょっと気まずい雰囲気になっていました。その後は普通に話してて……。歩行器を利用している人にミヨさんは場所をあけたんですけど、その人がありがとうとか言わなかったのが気に入らなかったのでしょうか。なんか些細なことが続いたんですかね。朝、職員が行くと荷物をまとめていて、『帰ります。タクシーを呼んでください』って言って、職員がなだめても聞かずで……」

なんとなくその場面は想像できますが、事実や本人の本音の部分はわからないままでした。

●侵入妄想が続き始める

この時点で、ミヨさんは在宅の継続を選択したのだと支援者たちは受け止めました。介護保険を利用してヘルパーなどの導入に向けて動き始めた矢先でした。

「最近、夜になると子どもが入ってくる。人の家で、米を炊いてそこで食べてる」

こうした訴えが続くようになりました。あるときには、冷蔵庫のドアに「人の家に勝手にはいるな家主より」と書いた張り紙をしていたり、玄関のドアに紐をつけたり、ベランダのロックを強化したりもしていました。そして――。

「やっぱり、この前のとこ行こうかな。いろんな人がおるけどな。そのへんは私は長いことお勤めしていたから、誰にでも合わせられる。やっていけると思うわ。ここにおってもな、もう90過ぎてるんやで、しんどいわ」

前回のホームに連絡しましたが、入居の対象外と言われてしまいました。

（3）別の施設の見学と葛藤

後日、ケアハウスの見学に行くことになりました。パンフレットを見たときは「ええな」と言っていました。見学当日、ケアハウスに向かうタクシー内でも落ち着いていました。

「どこか遠いところ行きたいなあ。以前は、よく旅行に行きおったんや。あの頃の友達ももう亡くなってしまったわ」

日本庭園のきれいなケアハウスでした。施設内を案内してもらっているときも、見回すミヨさんは興味深い表情をしていました。

しかし食堂に行ったとき、ミヨさんの表情が曇りました。食堂は広々としていて、隅のほうで車いすに座った人が二人、職員と話していました。ミヨさんはその姿をジーッと見つめていました。

「どうしたの？」

「いや別に……」

その後も気落ちしたような表情です。威勢のよさは感じられませんでした。

ひとしきり説明を聞いて帰りましたが、自宅に戻るタクシーでミヨさんは、納得したように頷きながら話しました。

「私は、あそこには入らへん。まだ家におるわ。私自分のこと何でもできるし、人様の世話にはならんでも生きていける」

●揺れ動く気持ち

「どっかいいところないか？」

1週間もたたないうちに、ミヨさんがまた言い始めました。

「どこでもいい。あのワンちゃんがいたところ、あかんかなあ。ああ、この前のところでもええよ。もう、どこか遠いところでもええよ。私一人やもん。べつに遠いところでも構わない。世の中いろんな人いるのもわかるけど、私は長いことお勤めして人様を相手に働いてきたからやっていける」

施設に入りたいと言ったり、一人でやっていけそうと言ったり、再度どこかに入りたいと言ったり……。おそらく、ミヨさんの気持ちは何度も揺れ動き、自問自答をくり返していたのでしょう。

結局、ケアハウスに入居を申し込みました。入居は順番待ちです。もしかしたら、ミヨさんに順番が回ってきても、そのときの状況で「入らない」という可能性があることもケアハウス側に伝え、承諾してもらいました。

その後、引っ越しの見積もりを取り寄せたり、引っ越しが決まってからの段取りを整えたりして準備を進めていました。

●新型コロナウイルス感染症に

ある日、ミヨさんは新型コロナウイルス感染症に感染しました。それを機に、自宅でヘルパーを利用して、買い物とゴミ捨てだけをしてもらうようになりました。ほかの掃除や洗濯などは「私はできます」の一点張りで、気が弱いヘルパーはその勢いに圧倒されていました。

ケアハウスの順番が回ってきて、引っ越しの日が決まりました。新型コロナウイルス感染症に感染してから約1か月半、ミヨさんの筋力、認知機能は著しく低下していました。

引っ越しの日、ケアハウスの職員、引っ越し業者や近所の人が家に上がってくるなか、終始椅子に座ったまま笑顔であいさつをしていました。

「もう任せるわ。全部捨てていってもええわ。私、向こうでやっていけるかな」

ときどき不安な言葉も聞かれました。以前のように自力で階段を降りることはできず、若くて体格のいい引っ越し業者に背負われて降りました。

「わあ、おんぶなんて子どものとき以来やわ。何十年ぶりやろう。恥ずかしいわ」

ミヨさんは大きな声で笑っていました。

ケアハウスに着くと、ミヨさんは歯切れのよい声であいさつし、深々とお辞儀をしていました。

「よろしくお願いします。1か所でしか勤めたことがなく、至らないことも多いかと思いますが、どうぞどうぞよろしくお願いします」

ミヨさんの新しい生活が始まりました。

（4）自己に折り合いをつけたミヨさんの暮らし

入居して1か月、以前の支援者が会いに行きました。ミヨさんの部屋には歩行器が置いてありました。「腰が痛くて、ときどき使っている」とのことです。

「ここはええよ。ごはんもおいしいし、風呂にも入れてもらった。若い子たちが、世話してくれるわ。気が利かない子やなあと思うこともあるけど、もうそれはな、言っても仕方ない。『ありがとう』ってニコーッとするほうがうまくいくやろう。いらんことは言わないほうがいいねん」

「ここな、お金の請求ないねん。聞いても『いいですよ』って言われるから、もう聞くのもやめた」

ミヨさんはこう話して笑っていました。在宅生活での最後の頃に比べて目の輝きや肌つやがよくなった印象でした。

施設職員の話では、定期的に「前の家に戻ります」と事務室に来ることがあるそうです。しかし「話をしましょう」と時間をかけて話を聞くことで、落ち着くようです。荷物のこと、家のことが気になっていることもあれば、ここには一時的に泊まりに来ていると思っていることもあるようです。

ミヨさんは感情的になることもなく、ひと通り話をすると「まあよろしくお願いします」と部屋に戻り、その後も穏やかに過ごしているそうです。本人的には納得なのでしょう。

（5）事例をふり返って

90代のミヨさんは、自分の心身の老いの変化を感じていたことでしょう。団地の5階に数十年住み続け、自分のことは自分でしたい、これまで何でもしてきたという自尊心、身内や友人たちにも先立たれ、一人で生きているさびしさを感じるなか、時に気力が低下し、この先どうなっていくのだろうかという不安でいっぱいになっていたことでしょう。

もしかしたらその不安やさびしさが、侵入妄想の原因を引き起こしていたのかもしれません。ゴミ捨てや買い物などのため1階まで降りて5階まで登るなかで、自分の体力の衰えをつきつけられ、でも人に頼りたくない、強い自分でありたいという葛藤も何度となくあったことでしょう。

「サービスを利用すれば、在宅継続は可能だ」という意見もあるかもしれません。ただ、ミヨさんはいつか訪れる限界の日や最期のときを意識して、施設入居を自分で選択しました。そこに至るまでも揺らぎがあり、入居してからは困惑しながらも自分で折り合いをつけ、適応していったといえるのではないでしょうか。

そして、決意までの時期、気持ちが揺れ動く時期、自身のなかで折り合いをつける時期、それぞれの過程で当事者に寄り添う専門職の存在が必要だと考えられます。

2 定年後も非正規で働き続け、退職を機に入居した女性のやりがい

(1) ナツさんの退職と転居

ナツさん（仮名・70代後半・女性）は、20代で結婚して息子を授かり、専業主婦をしながら夫と三

人で生活をしていました。息子が社会人になって間もない頃、ナツさんは離婚して50代でひとり暮らしが始まりました。その当時の詳細について、ナツさんは多くは語りませんでしたが、折に触れて次のようにつぶやいていました。

「ほんと、苦労させられた。自分でもよく耐えたって思う。結婚なんてするもんじゃないわ」

ナツさんは大手の飲食会社に就職し、社員用の借り上げ住宅で暮らし始めました。穏やかで人あたりもよく、まじめなナツさんは、職場の人から好かれていました。ナツさんのなじみの客もいて、ナツさん自身、働くことにやりがいや楽しさを感じていました。

この会社は60歳が定年ですが、ナツさんの人柄のよさとまじめな態度や働きぶりが認められ、人手不足という社会背景も後押しして、再雇用で非正規職員として勤務を続けていました。

●仕事でミスが増えて「認知症」と診断

ナツさんに異変が生じたのは70歳を過ぎた頃からです。

ナツさんは、注文を間違えることが増えました。間違いを指摘されても「いえ、私は間違えたりしませんよ」と認めず、ナツさんのミスについて、ほかの従業員や責任者が客に謝罪することもありました。以前のナツさんなら、自分のミスでなくても率先して謝罪するような人だったため、周りは不可解に感じていました。

レジでのやりとりで戸惑ったり、客からクレームがくるようになったりしたため、ナツさんはレジや注文を受けることはせずに、片づけと洗い場のほうを担当することになりました。

ナツさんはまじめに取り組んでいましたが、ある日「病院に行ってはどうか」と職場の人に言われました。ナツさんが自分自身の異変に気づいていたかどうかは定かでありませんが、ナツさんは病院を受診して「認知症」と診断されたことを機に、退職することになりました。

退職に伴い、ナツさんは会社の借り上げ住宅も退去しなくてはなりませんでした。ナツさんは一人で不動産屋に行き、安いアパートを契約して引っ越しました。このときの契約や引っ越しの経緯は誰も知らず、後に関わった支援者がナツさんに聞いてもわかりませんでした。

新しいアパートでの生活が始まりましたが、それをナツさん自身、理解できなかったのかもしれません。ナツさんは、以前住んでいた借り上げ住宅の付近を歩いていたり、出勤があると思ったのか、職場に顔を出したりしたこともありました。心配した元同僚が声をかけると「ああそうだったね」「うん、近くに来たからちょっとね」と言いながら立ち去るのですが、その後も職場や以前の住宅付近でナツさんの姿は見かけられました。

●足の踏み場もないアパート

比較的仲のよかった同僚が心配して、新居の場所を聞いて訪ねたところ、足の踏み場もないような部屋だったことに衝撃を受け、管轄の地域包括支援センターに連絡しました。それを受けて、センターの職員がナツさんの家を訪問しました。

部屋には段ボールが積み上げられた状態で、寝るスペースもなく、窓にはカーテンもついていません。インスタントの食品やパンを食べているような形跡があります。ゴミの捨て方もわからないようで、スーパーの袋にゴミを入れていました。それをときどき、公共のゴミ箱に捨てているのかもしれません。カレンダーも時計もない空間で、ナツさんは曜日や時間の感覚も薄れているようでした。

ナツさんから遠方に息子がいると聞き、電話をしてもらいましたが、一言二言で切られてしまい、それから先はつながりませんでした。

訪問したセンター職員の帰り際に、ナツさんは「私もいっしょに行きます」と立ち上がろうとしました。

「ここに住んでいるのでは？」

「こんな狭いところで住んでるわけではないですよ。何がなんだかわからないんですよ。変な感じでしょう。こんな状況じゃ生活できないし、いままでのマンションは出てくださいって言われて、私、年金が少ないしね」

ナツさんの話から不安な様子も伝わってきました。ナツさんの月々の年金受給額では、一人でアパートを借りて生活するには、どう考えても限界がありました。生活保護の手続きなどをして、ナツさんの今後の居所や生活などを考えていく必要がありました。

そのなかで、ナツさんが入居できる養護老人ホームの存在が浮上してきました。

（2）ナツさんの養護老人ホーム入居後の戸惑いと職員の気づき

ナツさんは穏やかで、人に対する警戒心もありません。もしかしたら、人からすすめられるままに買ったりサインしたりしていた過去があったのではないか、と想像してしまう場面もありました。

地域包括支援センターの職員がナツさんに「この先どうしたい？」と尋ねると、時によって相反する二つの答えが返ってきました。

「働かないと食べていけない」「仕事を探さないと……」

「どこでもいいの。私、すごく大変な時期もあったしね。怖い思いもしたの。耐えてきた。毎日穏やかに暮らしたい」

センターの職員が養護老人ホームについてカタログを見せながら説明すると、「うん、行ってみる」との返答だったため、区役所の養護老人ホーム担当者と面談をしました。その後、ナツさんといっしょに、養護老人ホームの見学にも行きました。

ナツさんは「きれいで広々としているね」と気に入ったようでした。しかし、しばらくして養護老人ホームを新しい職場と勘違いしていたのか突然、次のような質問が飛び出しました。

「私は採用になったのかしら？」

また制服や時給についても尋ね、さらに「そこ、何歳までいられるの？」という質問が出ることもありました。そのつど、「まずは、居場所を確保しましょう。仕事はその次に考えましょう」と説明すると、納得していました。

●養護老人ホームでの新生活

養護老人ホームに入居の日、ナツさんは二人部屋からのスタートでした。鞄を持って入室したナツさんは同室の80代の女性に笑顔であいさつし、その後も仲よく話している姿などを見て、施設の職員はひとまず安心していました。

しかし、入居して1週間が経過した頃から、ナツさんが「財布がなくなった」「あの人（同室者）に盗られた」と言い始めました。入居当初にはなかった険しい目つきも見られるようになりました。また、施設職員に対して「私のことを嫌っている。私の悪口を言っている」などの被害妄想を抱いているときもありました。

一人部屋に変更し、ナツさんと施設職員がじっくり話す時間を1日に1回はつくるようにしました。ナツさんは、自身の幼い頃の話や両親や姉に大事にされたことなど、これまであまり人にしなかった話もするようになりました。五人兄妹の末っ子だったそうです。

「大事にされたんよ。それで兄ちゃんと姉ちゃんがおって、年が離れていたから、おんぶとかもしてもらったしね。ナツ、ナツって……。親からも怒られたことなんかなかったんよ」

施設職員は、話す表情からナツさんの幼い時代が想像できたそうです。「うんうん」と頷きながら聞いていました。

「これから、ナツさんって呼んでもいいですか？」

「うん。呼んで、呼んで。そのほうがうれしい」

ナツさんは本当にうれしそうでした。それから施設職員は苗字で呼ぶのを改め、「ナツさん」と名前で呼ぶようになりました。

●「いまでも、できることがありそう」

その後、ナツさんの仕事の話も聞きました。話に辻褄が合わない部分もありましたが、施設職員は「いまでも、できることがありそう」と感じたそうです。

入居してからのナツさんは、食事時間の前に食堂に現れてキョロキョロしたり、廊下を行ったり来たりしていました。そのたびに「ごはんまだだから、お部屋にいてもらっていいですよ」「ごはんができたら、お呼びしますよ」などと声をかけ、施設職員はナツさんに「待つこと」を促していました。施設職員は、若きナツさんが飲食店で働く場面を想像しながら、ふと食事前のナツさんの様子や自分たちの声かけを思い返しました。

(3) ナツさんの自己の存在確立――「ここは職場よ。住み込みで働いててね」

後日、その職員の提案で、ナツさんにテーブル拭きやスプーンのセッティングなどをしてもらうようにしました。

「ナツさんの『おはようございます』のあいさつが好き」

「ナツさんの笑顔を見るとこっちも元気になる」

「仕事してくれて助かる」

施設職員らはナツさんに、感じたまま素直に声をかけていました。ナツさんはほかの入居者にも「おはようございます。お席にどうぞ」などと声をかけていました。施設職員が遠目に見守りながらですが、ナツさんは配膳の準備や下膳などもこなしていました。

入居して3か月、ナツさんは穏やかな生活を送っています。施設職員がナツさんに「ここどこ?」と聞くと、ナツさんからこんな答えが返ってきました。

「ここは職場よ。住み込みで働いててね。ごはんとかも食べさせてもらってるし、安心よ」

ときどき、一人でボーッとしていたり、入浴後に部屋がわからないのか、困った表情でキョロキョロしていたりすることもあります。朝、半泣きの表情で食堂に現れ「遅くなってごめんなさい」とペコペコと頭を下げることもあれば、突然「いまから出かける」とバッグ片手に出て行こうとすることもあるようです。

でも大半の日は、笑顔の「おはようございます」から始まり、その笑顔を見て施設職員も癒されているそうです。

(4)事例をふり返って

ナツさんは、70歳を過ぎても勤務していました。その頃の詳細はわかりませんがおそらく、もの忘れが顕著になって記憶力の低下も進み、そこでミスをすると落ち込み、自信をなくし、周りに迷惑をかけていることを心苦しく思っていたのでしょう。でも一方で働かなくては生活できない、がんばらなくてはと自分に言い聞かせて、勤務を続けていたのではないでしょうか。

トラブルが生じても以前のように謝罪しなくなったのは、いわゆる取り繕いかもしれませんし、記憶の影響かもしれません。仕事ができなくなっていく自分や、仕事を辞めると住む場所もなくなり、生活もできなくなる恐怖、一人身であることの不安とさびしさなどさまざまな感情が混在していたことが推測されます。そして、引っ越し業者により搬入された段ボール箱に囲まれた環境になったときに、混乱がピークになっていったのではないでしょうか。

入所してからも、自分がどうしてここにいるのかいまひとつ理解できない状況のなか、自己の存在も揺らいでいたことでしょう。しかし、自分の話をしっかり聞いてもらい、名前で呼ばれること、以前自分がしていた飲食業の仕事と類似する役割を得たこと、そして人から褒められ感謝されることで、自己肯定感が上がったのだと考えられます。

経済的な点に目を向けると、ナツさんのように専業主婦の時期が長くていわゆる熟年期に離婚した女性は、年金の受給額も少なく、在宅でのひとり暮らしを継続するには、よほどの貯蓄や金銭的援助がない限り不可能です。高齢女性が困窮に陥りやすい現状や、職場で認知機能が低下したときの雇用者側の対応、そして退職後の支援は、いずれも社会の重要な課題ではないでしょうか。

3 グループホームに居所を移し、その人らしさが大切にされた女性の19年

トミさん（仮名・入居当時70代・女性）はグループホームに入居し、そこで亡くなるまで19年暮らしました。

（1）トミさんの入居まで

入居前は、夫が亡くなってから3年ほど、ひとり暮らしでした。入居の2年ほど前に、脳血管性認知症と診断されました。ひとり暮らしのときは、つらい頭痛がよく起きました。夜中に具合が悪くなり、近所の人に救急車を呼んでほしいと訴えたことも何回かありました。また、火の不始末などもあり、民生委員ともあまりよい関係ではなく、トミさんは地域から孤立してしまいました。

トミさんには娘が三人います。その娘たちもトミさんの様子を聞くにつれ、ひとり暮らしを続けることをとても心配していました。娘たちは市役所に相談に行き、近くにグループホームがあることを知りました。見学に行き、トミさんがそこに住めば安心だろうと考えました。

トミさんはグループホームに入居した当初、その入居を十分には理解していませんでした。そのため、なぜグループホームで暮らさなくてはならないのか、と憤る場面が何回もありました。自宅には

歩いて戻れる距離だったため、トミさんは何度か一人で帰ろうとしました。

グループホームの管理者と娘たちとトミさんの三者会談を3回ほどくり返し、なぜトミさんがグループホームで暮らすのかについて話し合いました。

トミさんは、夜中に救急車を呼んだこと、火の不始末があったことを覚えていませんでした。まだ自分ひとりで暮らせると思っているけれど、そういうことがあったと言われたら「私の立つ瀬がない」と話しました。

娘たちは、トミさんのことが心配で仕方ないことをしっかりと話し、トミさんは「娘たちの安心のために入る。それなら仕方ない」と、グループホームで暮らすことに折り合いをつけていきました。

管理者はトミさんに「ここにトミさんがいたくないと思ったら、必ず家族と相談するから話してほしい」と伝えました。

なお、これをきっかけにこのグループホームでは、本人は忘れてしまうかもしれないけれども、入居前には必ず、本人と家族を交え、入居について話すことにしました。そして、本人が入居自体に理解を示さなければ、入居を受け入れないようにしました。居所選択は本人にとってとても重要で、本人の意思決定の支援の大切さを改めて考えたからです。

(2) トミさんの思い、家族の思い

グループホームでは、トミさんの日々の発言をていねいに集め(センター方式C-1-2シートを

図表5-1　トミさんの発言

〇トミさんの思いや悩み「家族がいないからさびしい…」
〇介護への願い「自由にさせてほしい」
〇トミさんの喜びや楽しみ「家族が会いに来てくれる。孫の顔が見られるとき」「近くの保育園の子どもたちと触れ合えるとき」
〇トミさんがやりたいこと「働きたい。何かしたい」
〇医療への思いや要望「注射は大嫌い」
〇ターミナルや死後についての願い「楽に死にたい」「苦しみたくない」

センター方式C-1-2シート

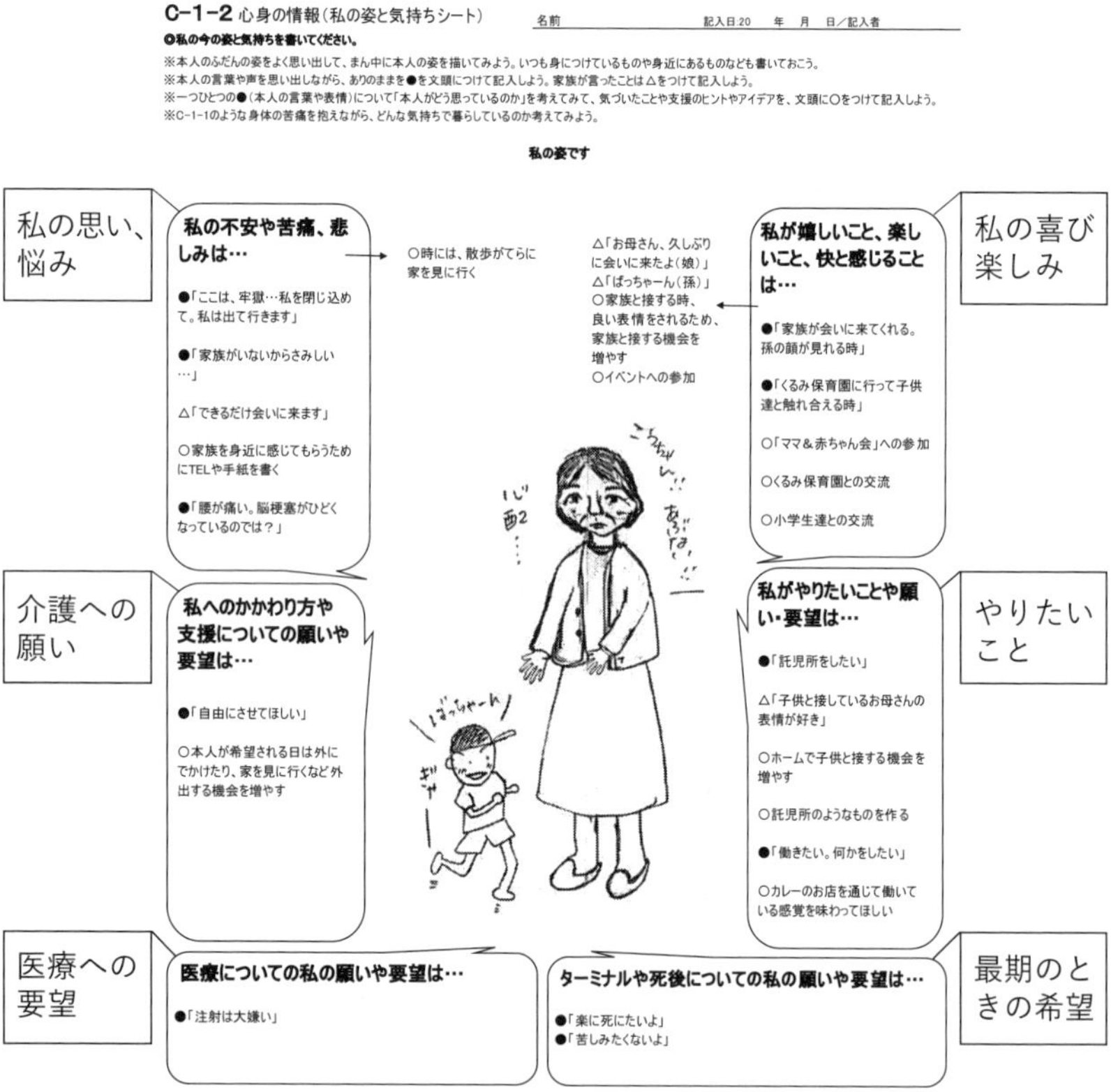

出典：認知症介護研究・研修センター「センター方式C-1-2シート」を活用。聞き取りの内容はトミさんが入居していたグループホームから提供

活用）、トミさんについて理解を深めていきました（図表5－1）。トミさんが感じている心の苦痛、頭痛など身体的な苦痛をしっかりと聞くと同時に、トミさんのこれまでの暮らし、トミさんが大事にしていることを確認し、トミさんのニーズに合わせた暮らしをともに整えていくことを大切にしていきました。

トミさんは家族を大事にし、娘や孫たちと接するときはいつもよい表情でした。もっとも、娘たちとトミさんの関係は良好でしたが、娘たちは子育てとそれぞれの家庭のことで大忙しという状況でした。

このグループホームでは、家族がいる場合、入居時に「生活史質問リスト」を書いてもらうようにしています。入居当初から家族の意向も聞いています。家族は、トミさんのＱＯＬを一番に考えたいということでした。また、早い段階から「看取り支援確認書」を交わし、終末期を迎えたときに何を大事にしたいのかも話し合っています。

（3）カレーの店から広がるトミさんらしい暮らし

トミさんは社交的な人でしたから、グループホームでの暮らしに少しずつ折り合いをつけていくなかで、三人の仲のよい入居者仲間ができました。その仲間で出かけたほか、トミさんを含むグループホームの入居者と職員で1泊の温泉旅行に出かけ、温泉で卓球を楽しむなど、職員との関係も次第にできてきました。また、居酒屋に行っておいしいものを食べたいという希望が出て、職員も同行して楽しい時間を重ねながら、お互いに大切にし合う関係性が徐々にできていきました。

●「働きたい。食堂ならできる」

トミさんは、その地域に昔からある工場で長年勤めていました。勤勉で、会社から何度も優秀賞をもらっています。入居から1~2年ほど経過し、グループホームでの生活に少しずつ慣れてきた頃、トミさんは「働きたい。何かしたい」と話すようになりました。「職安に行ってくるよ」「仕事がしたいよ」と、ますます意欲的です。そこで職員が質問しました。

「職安に行くと、何ができるか聞かれると思いますが、その場合にトミさんはどう答えますか?」

トミさんは「食堂ならできる」と答えました。

それをきっかけに、グループホームの近くにある地域交流センターで、トミさんとほかのグループホーム入居者、そして職員が協力して月2回「カレーの店」をスタートしました。店ののぼり旗もつくりました。1食150円(サラダ付)で、誰でも食べに来ることができます。

店長はトミさんです。メニュー表もトミさんがつくりました。元気なときはカレーもいっしょにつくります。開店日は必ず店に出て、閉店後はカレーを食べてグループホームに帰って来るという流れです。

店には、入居者の友人らが来るのはもちろん、地域の障害のある人から「ミキサー食なら食べられる。カレーの店に行きたい」と連絡があり、来てもらったこともありました。

このカレーの店でさまざまな人が交流し、新しいつながりが生まれました。地域の新たな社会資源としての意味もありました。

トミさんがひとりで暮らしていた地域の人たちとの関係性は、残念ながら不調和が生じてしまいました。グループホームがあるのはその隣の地区です。幸いこの地域の人たちとは、カレーの店をきっかけに、また日々の関わりのなかで関係性ができ、トミさんにとって心地よい地域とのつながりができていきました。

カレーの店は12年間継続しました。

●会社の同窓会にも毎年参加

トミさんが働いていた会社では年に1回、同窓会が開催されていました。トミさんから「その同窓会に参加したい」との希望がありました。

グループホームの職員が事前に会社の人と相談し、毎回特等席を用意してもらい、なじみの人たちとの再会を楽しみました。毎年の同窓会の日、トミさんは服を新調して参加していました。10年ほど同窓会に参加し続けることができました。

入居から10年が経過した頃、入居時は要介護1だったトミさんも少しずつ身体、認知機能ともに症状が進み、要介護3になっていました。そのなかでも、どのように家族とつながっていけるのか、トミさんが好きなことがどうしたら続けられるのかを、グループホームの職員は懸命に考えていきました。トミさんは花が好きだったことから、グループホームの前に「トミさん花壇」をつくることにしました。家族もときどき手入れに来て、トミさんと家族がつながる場となりました。

(4) 終末期に向かいながらのトミさんの暮らし

入居から15年を迎え要介護4になった頃、トミさんに乳がんが見つかりました。治療方法を話し合い、QOLを維持することを大事にしたいからと、ホルモン療法を選択しました。

その後要介護5となり、次第に会話ができなくなって、寝ている時間が多くなっていきました。最重度の期間が長かったのですが、終末期を迎えるにあたり、トミさんが生きているなかで大事にしてきたこと、生きていることの意味を、職員は家族とともに考えました。トミさんの具体的な意向を直接聞くことはできなくなっていきましたが、これまでトミさんがグループホームの生活で大事にしていたことを軸に、模索しながら考えました。

職員らは、①家族を毎日身近に感じること、②1日1回でも身体が「楽《らく》」であること、を大事にしました。

①家族を毎日身近に感じることでは、家族がグループホームに毎日は来られない状況でも、家族とのつながりをしっかりとつくることを大事にしました。具体的には、家族の声を何パターンか録音し、朝は「お母さん、おはよう」「ばあちゃん、おはよう」と娘や孫の声で起き、寝るときも「おやすみなさい」と、毎日家族の声を聞くようにしました。

②1日1回でも身体が「楽《らく》」であることでは、手をマッサージしながら、「カレーの店よかったですね」「会社の同窓会はとっても楽しかったですね」「トミさん、花壇には今日もきれいに花が咲いてますね」など、トミさんが大事にしてきたこと、ともに過ごしてきた暮らしを、必ず話すようにしました。本人の人生にとって意味のある出来事、結びつきを大切にする取り組みです。

トミさんは注射が大嫌いでしたから、必要な医療とつながりながら、最後まで注射も点滴もせずに最期を迎えました。家族らに囲まれて眠っている様子のトミさんに、職員が「そろそろトミさん、お風呂に入りましょうか」と声をかけたときには、スーッと眠るように亡くなっていました。苦しむこともなく、グループホームに入居して19年目の春でした。

(5) 事例をふり返って

トミさんは最初、グループホームに住まいを移すことを納得していませんでした。話し合いを重ねて、トミさんが少しずつ折り合いをつけていきました。グループホームの職員は、入居の手前で本人に入居を納得してもらう必要があるとトミさんから学び、入居にあたってのグループホームの姿勢を変えていきました。

在宅で暮らせる、在宅で暮らしたいという本人の思いは大事です。同時に、地域から孤立したり、QOLが低下したりするなかで、本人が在宅で暮らしていくことが本当によりよい環境であるのか、と周りの関係者が悩むことはよくあると思います。

もし、トミさんがあのまま在宅で暮らしていたらどうだったのか、タラレバの話を語ることはむずかしいことです。ただ、職員が本人に真摯に向き合い、本人のつらさや意向を捉えながら、家族とのつながりもあるグループホームで暮らし続けたトミさんの生活は、トミさんらしさが要所に見える最善ともとれる形ではないでしょうか。

「施設に移行する」というと、とかくマイナスイメージがつきまとうかもしれません。しかし、トミさんのように居所が移っても、本人のこれまでの暮らし、意向が大切にされ、本人らしく暮らすことも可能であると私たちが知っていて、その選択肢も視野に入れておけることは大切ではないかと考えています。

参考文献

認知症介護研究・研修センターサイト、認知症の人のためのケアマネジメント　センター方式　センター方式シート集
https://www.dcnet.gr.jp/study/centermethod/center03.php（２０２４年12月10日閲覧）

COLUMN

はたらくことを支える形

高齢者の就業者数は、年々増加傾向にあります。他国と比べても、日本の高齢者の就業率は高い水準です。

80代のユキさん（仮名）は食堂の厨房で長年働いてきて、現在もパートとして週に数日仕事を続けています。しかし、もの忘れとともに被害妄想の症状が出始め、パート先でも間違えて出勤日でない日に行ったり、被害を受けたつらさをとうとうと話し続けたりすることがよくあり、仕事の継続がむずかしくなってきたそうです。ユキさんは働いていることに誇りをもち、働き続けたいという気持ちがまだある様子でした。

ユキさんが働き続けることを支援するのは第一の選択肢ですが、それがかなわない場合、ユキさんに可能な選択肢として何があるでしょうか。

若年性認知症の人なら、障害者総合支援法に位置づけられている就労継続支援B型事業所は利用が可能です。しかし80代のユキさんの利用はむずかしい状況です。ユキさんの身近なところに、ユキさんが役割をもって参加できる認知症カフェやサロンがあれば、そこでユキさんらしく役割を果たせるかもしれません。ただそこでは、はたらいた対価を金銭的に得ることはむずかしくなります。

ここで「働く」と「はたらく」を使い分けています。ここでは、生計を立てていくことを中心に「働く」という用語を使い、対価や報酬が得られない場合や得られてもわずかな場合、その人がその人らしく生きがいをもてる要素が強い営みを「はたらく」と考えています。

最近、「はたらくデイサービス」が少しずつ増えてきています。若年性認知症の人が通うデイサービスでの実践からスタートし、それらをほかのデイサービスでも行えるよう、２０１８年に厚生労働省の事務連絡として留意点が示されました。

デイサービス利用者の地域での社会参加活動の一環として、有償ボランティアという位置づけですが、はたらきたいという気持ちがある人、プライドをもって働いてきた人たちにとって、認知症になってからも、高齢期になってからも、はたらける場が選択肢にあることは大切ではないでしょうか。

「はたらくデイサービス」での具体的な作業は、歩くことが好きな人は地域内を散歩しながらダイレクトメールを投函したり、食事づくりが得意な人はおやつをつくり学童保育に届けたり、畑仕事が得意な人は収穫時の助っ人として農作業に従事したりと、さまざまです。

「本人の得意なこと」×「地域で必要とされていること」を事業所の専門職がつないで支援していく形がこれから増えていけば、ユキさんが必要な支援を受けながらも、これまでの経験を生かして、ユキさんなりにはたらき続けることができるのではないでしょうか。

（中島民恵子）

終章

久保田真美

1　本書をふり返って

本書では認知症高齢者本人の声を随所に紹介しました。昨今、認知症に関してさまざまな知見が得られ、有識者や専門家の発表は増えるばかりですが、認知症とともに生きている当事者の声こそしっかりと私たちが耳をかたむけ、受け止めるべきだと思わざるを得ません。

認知症高齢者は決して「何もわからない」わけではなく、自分の世界で「いま」だけを生きているわけでもありません。過去の自分や家族との思い出を大事にしながら、現在、もの忘れなどを自覚しつつ、しっかりしなくてはと自身に活を入れ、生活に工夫をしていました。世話になっている人に感謝しつつ、この先どうなっていくのだろうかという不安とともに、在宅での生活が限界になる日のことを考えている人もいました。当事者本人が語る話は過去、現在、そして未来へとつながっていました。

軽度の時期は、自分の体験や思いをまだまだ語れます。この時期にこそ自分と向き合い、今後の人生を考え、意思表示しておくことが大事ではないでしょうか。この時期に発した言葉や日記などが後々、支援者はもちろん、ひいては自身の人生に影響するといっても過言ではないでしょう。

ひとり暮らし認知症高齢者は、いつかはひとり暮らしの生活に終止符を打つことになります。それがいわゆる命の終止符なのか、在宅でのひとり暮らしの終止符なのか、それはわかりません。認知症になる前からひとり暮らしだった人が高齢になり、認知症状が出現し、ゆっくりと経過をたどりながら限界の時期に達する人もいます。すでに認知症だった人がある日突然ひとり暮らしになる場合もあります。事故や体調不良から在宅での死を迎える場合もあります。

近年、夫婦間の老老介護や認認介護が増加すると同時に、生涯未婚率の増加や晩婚化、少子化、同性婚、事実婚など、家族の形態も多様化してきています。さらに、家族の結びつきの希薄化だけでなく、友人や近隣など社会での人と人のつながりそのものが希薄化しているようにも見受けられます。

人間同士のつながりが薄れていくなかで、ひとり暮らしの認知症高齢者を公的サービスのみで支えるにはいくつもの課題がありますが、本著の3章、4章で示したように多数の工夫点もあります。今後、テクノロジーの発展に伴い、ひとり暮らし認知症高齢者を支える便利なツールのさらなる普及も期待できるでしょう。

また、ひとり暮らし認知症高齢者が直面する課題を地域の課題として捉えて、郵便局や銀行の職員、警察官、スーパーの店員なども交えて地域ケア会議を開催している地域もあります。自治体が子どもたちを交えて声かけ訓練などを企画する地域も増えてきました。

第5章では在宅から施設等へ移行した事例を示しました。今後は、身寄りのない人たちや経済的事情を抱えた人たちにも受け入れ可能な施設が増えること、そして移行の時期をサポートする資源が充実していくことが期待されます。

2 共生社会で認知症高齢者がひとり暮らしを継続すること

これまで本書では、ひとり暮らし認知症高齢者の思いや、ひとり暮らしをしていくなかで直面する課題、その支援の工夫についても述べてきました。そして、どのようなときにひとり暮らしの在宅生活が限界を迎えるのかも示してきました。

どれほどの支援や工夫をしても、人は必ず人生の最期を迎えます。

「あなたは自分の最期をどこで迎えたいですか？　病院？　家？　施設？　その他？」

このような問いかけは、研修や講演会などでよく見かけます。日本財団が2020年に全国調査をしたアンケート結果（日本財団、2021）では、「自宅」を選んだ人が58・8％と約6割を占めていました。しかし、実際には8割以上の人が病院や施設で最期を迎えています（厚生労働省、2024）。

認知症の人でも在宅でひとり死は可能なのか――。ここ数年、上野千鶴子氏をはじめとして書籍やインターネットでも物議をかもしているテーマです。上野氏は「ひとり静かに死んで、ある日亡くなっているのを発見されたら、それを『孤独死』とは呼ばれたくはない」（2021）と主張しています。

認知症の有無にかかわらず、中高年のひとり暮らしの人が自宅で一人で亡くなることは、まったくめずらしくありません。実際に地域の現場でも、支援を受けながらひとり暮らしの生活を楽しんでいた人が、ある日ヘルパーなど支援者が訪問したときにはすでに冷たい状態だったという例はよくあります。そのようなとき、支援していた人たちはどう思うでしょうか。「施設に入っていたらこんなことにはならなかったのに……」と嘆くでしょうか。

ケースバイケースではあるものの、本人の意向やプロセスによっては、「本人は幸せだったんじゃない？」「家がいいってずっと言ってたし」「今頃、天国でお酒を飲みながらあいさつ回りしてたりして……」などと言いながら互いに納得することも、その人にまつわるエピソードなどを笑い交じりにふり返ることもあるでしょう。誰かしらとの交流があり、たまたま一人のときに息を引き取ったケースは、きわめて日常生活のなかでの死であり、その人らしい最期だと受け止められるのではないでしょうか。

一方で、支援が必要な状態なのに、そのSOSがどこにも届かず、誰ともつながりのない最期の日々と結末を迎えた場合や、支援者が何度介入を試みても本人がかたくなに心を閉ざしてドアを開けないまま、ある日変わり果てた姿で発見されたときなどは、周囲の人たちにはネガティブな感情しか残りません。

家族や近隣の人や支援者などの誰にもつながらず、いわゆる社会から孤立した状態で亡くなり、死後何日も発見されない「孤立死」は、たとえ本人が「誰にも来てほしくない。ほっといてほしい」と言っていたとしても、あってはならない事態だと思います。

支援の介入を拒むひとり暮らし高齢者からよく聞く言葉に、次のようなものがあります。

「人に頼りたくない。何も困っていない」

「迷惑をかけたくない」

「自分でなんとかするからほっといてほしい」

人に頼ることは悪いことなのでしょうか。支援に携わる人たちは迷惑と感じているのでしょうか。支援というのは、一見一方的なようにも見えますが、支援者たちは対象の人たちからさまざまなことに気づかされ、学びの機会ややりがいや感動、喜び、人間としての成長など目に見えない多くのことを得ているのではないでしょうか。小児科医で東京大学先端科学技術研究センターの特任講師である熊谷晋一郎さんは「自立とは依存しなくなることだと思われがちだが、依存先を増やすことこそが自立だ」と言っています。他者の支援をうまく受け入れることこそ、ひとり暮らしの継続につながるのではないでしょうか。


認知症があってもひとり暮らしでも、個人が尊厳を保持しつつ希望をもって暮らすことのできる共生社会とは、どういう社会でしょうか。

このことを考えたとき、「支援」「ケア」「寄り添う」などの支援者目線のワードに着目しがちですが、本人の心構えや本人の姿勢にこそ、大きな意味があるのだと思います。認知症は誰でもなりえます。そしていまは家族と住んでいる人も、将来ひとりになる可能性がゼロではないでしょう。そうなったとき、自分はどうありたいのかを常日頃から考えておくことが必要ではないでしょうか。認知症予防も大事ですが、認知症を他人事ではなく自身のこととして捉え、認知症になった自分を想定し、自身が認知症とともに生きる心構えをしておくことこそ共生社会の原点だと思います。

認知症になってもひとり暮らしを継続するには、認知症になった自己を受け入れつつ、自分がどうしたいのかを意思表示する勇気、自分ができることは自分で工夫しながらやり続けようとする強さ、自分にできない部分を認め人の手助けを受ける柔軟さや、人の意見に耳を傾ける素直さも求められるのではないでしょうか。

そして、何がなんでもひとり暮らしの在宅生活がすべてではないことを前提に、自分の身に起こりうることを予測して早い段階から準備していく必要があると、筆者らも自身に言い聞かせています。

参考文献

厚生労働省（２０２４）「令和５（２０２３）年人口動態統計」
https://www.mhlw.go.jp/toukei/saikin/hw/jinkou/kakutei23/index.html（２０２４年12月10日閲覧）
日本財団（２０２１）「人生の最期の迎え方に関する全国調査」
https://www.nippon-foundation.or.jp/who/news/pr/2021/20210329-55543.html（２０２４年12月10日閲覧）
上野千鶴子（２０２１）『在宅ひとり死のススメ』文春新書
熊谷晋一郎（２０１２）「自立とは、ひとりで生きることではない」『地域保健』９

還暦式の提案

認知症の人たちの支援に携わっていると、「本人の意思はどうなんだろうか」と思い悩む場面も多く、支援者同士で「もっと早い時期の意志表示が必要だよね～」などと話すことがあります。10年くらい前からエンディングノートや「終活」などの言葉も出回り、関連する書籍やセミナーの案内などを目にするようになりました。

同時に、次のような言葉も耳にします。

「エンディングノートを親に渡したいけど、なんか怒られそう……」

「姑に書いてほしいけど、(嫁の)私からは怖くて言えるわけがない……」

さて、エンディングノートなどはどのタイミングで書き始めたらよいのでしょうか？ピンときたのが60歳、いわゆる還暦のタイミング。いっそ自治体で還暦式を開催して、そこで還暦祝いに配布するのはいかがでしょうか。成人式は大昔から日本の行事になっています。高齢社会になった現在、2回目の大きな式典があってもいいのでは、とも思いました。60歳を迎えた人に自治体から「ご案内」が届くのです。

60歳といえばひと昔前まで、定年退職をして隠居生活を迎える人が大半でした。しかし昨今、定年が65歳の職場や再雇用制度を導入している職場も増えているため、60歳以降に勤務を続ける人も少なくありません。また、定年後に起業などする人もいます。私生活では、夫婦円満の人もいれば、熟年離婚に踏み出す人、まだまだ子育て中の人もいるでしょうし、孫の世話に夢中になってる人もいることでしょう。シングルの人や何度目かの恋にときめきを感じている人もいるかもしれません。

60歳……、ある意味、何でもありの年ではないでしょうか。還暦式には、同じ時代にそれぞれの60年の人生を生きてきた人たちが一斉に集まる。どんな式になるのでしょうか？　まずは、ゲストから60歳の祝辞。そこでは、生まれたときの人口と今回還暦を迎える人口、生まれてから今日までの時代の背景や世の中の情勢、大きな出来事、社会が還暦世代に期待することなどが話されるのでしょうか。

式のあとは二次会的な立食パーティーなどで、それぞれが自由に懇談。日頃は縦社会の組織で上下関係に気をつかっている人たちも、ここに集うのはみな同じ学年のフラットな関係。子どもの頃に流行ったテレビ番組や当時夢中になった芸能人の話に盛り上がり、クイズやゲームをして童心に返って笑い合えるひとときが過ごせたら最高でしょう。

気の合うメンバーとはSNSなどの交換をしたり、趣味や楽しみが一致した人たちがサークル的なものを立ち上げたり、旅行の約束をしたり、自由な「おひとり様」同士が意気投合したり、70歳のお祝い会の計画やタイムカプセルを企画したり……、いろいろ想像するとワクワクしてきます。

そして配布されたエンディングノートは、一人で書くのもよし、誰かとワイワイ言いながら書くのもありでしょう。これまでの人生の思い出や死ぬまでに絶対やっておきたいことなどを綴り、いずれ迎える最終章の日々を想定して意を残すという儀式は、非常に意義深いのではないでしょうか。

賛否両論あると思いますが、このような企画を試みる自治体が現れることを願っている50代の筆者でした。

（久保田真美）

おわりに

「共生社会の実現を推進するための認知症基本法」が成立した２０２３年６月に中島との出会いがありました。「大きな成果物でなくてもいい。自分たちだからこそできることを地味に地道に一緒に取り組まないか」という中島の提案で、協働執筆が始まりました。

福祉の資格、医療の資格、教育研究者という立場、地域の現場に身を置く立場という違いはありますが、それぞれ名古屋と神戸に拠点を置きつつ、メールのやりとりをし、定期的にビデオ会議システムでディスカッションを重ねてきました。

ともに話し合うなかで、ひとり暮らし認知症高齢者が直面する課題は、決してシンプルなものではなく、本人の認知機能の低下、もともとの性格、経済的事情、身体疾患、社会との関わり、家族関係などいくつもの要因が複合的かつ重層的に絡み合い、さらに個別性に極めて富んでいることを再認識しました。

困っているのは誰なのか、本人の思いはどうなのか、一時的に解決できたとしてもそこから先はどうなるのか、認知症になっても最期まで自宅でいることは可能なのか、本人にとっての最善とは何なのか、尊厳を守るとはどういうことなのか、などのさまざまな疑問も生じるなか、自分たちは誰に何を訴えようとしているのか、原点に戻って考え直すこともありました。

私たちが執筆に取り組んでからこの1年余りの間に、日本では能登半島地震をはじめ、震度5を超えるレベルの地震が各地で複数回ありました。たび重なる地震速報にも動じなくなると同時に、「いつ何が起こるかわからないね」という言葉もあちこちで聞かれるようになりました。

海外ではいまもなお戦争が続き、痛ましい映像がメディアから流れてきます。また、自分たちと同じ時代を生きてきた著名人の突然の訃報も報道されました。いま生きていることが当たり前とは思えず、未来が不確かであること、月日の流れとともに誰もが年老いていくこと、そして必ず命の終わりがあるということを改めて感じさせられる日々でした。

認知症に関しては、アルツハイマー病の新薬レカネマブが２０２３年9月に、続いてドナネマブが２０２４年9月に承認されて、ニュースで大きく取り上げられました。長年の研究者の努力の軌跡や当事者の切望する思い、一方でこれらの新薬の適応者がごく限られた人であること、その効果は完全完治ではないこと、副作用のリスクや医療費のことなど、さまざまなことが頭をめぐります。新薬のみならず、認知症に関しての研究は多岐にわたる分野で推進され、その成果が現場に還元されることがいっそう期待されています。

ひとり暮らしに関しては、２０２４年の11月、国立社会保障・人口問題研究所が、２０５０年には32都道府県で65歳以上の高齢単身世帯が20％を超えるという将来推計を発表しました（国立社会保障・人口問題研究所、２０２４）。ひとりの老後に関する書籍や研究も確実に増加しています。

また、高齢者のみならず若い世代も含めて、ひとり暮らしや一人旅などの単独行動に対する世間の理解や受け入れが広がったように見受けられます。しかしながら、介護保険や高齢者医療の財源不足、医療や介護の人材不足、高齢者の貧困や孤立化など数々の問題が顕在化していることは否めません。

私たちは出会ってからちょうど1年後の日本認知症ケア学会学術集会で、「ひとり暮らし認知症高齢者の尊厳を支えるケアについて考える」というテーマで自主企画に取り組みました。

地域で生活しているひとり暮らし認知症高齢者のケアに携わってきた専門職者に、現場で感じた「これって本人の尊厳が守られているといえるのだろうか」というジレンマをあげてもらい、尊厳を支えるとはどういうことかについて、シンポジウム形式での発表と会場ディスカッションを行ったのです。会場は開始前から満席になりました。立ち見も多く、参加者の熱い意見や真剣なまなざしが、このテーマへの関心の深さを表していました。

私たちの疑問は、どれほどディスカッションを重ねても明確な答えに行きつくことは不可能なのかもしれません。それでも「ひとり暮らし認知症高齢者が尊厳を保持し希望をもって生活すること」について関心を寄せ、これからも考え続けていきたいと思っています。

最後に、これまでに貴重な体験をお話しくださった高齢者の方々、ご家族の方々、支援者の方々に深く感謝申し上げます。

クリエイツかもがわの岡田温実さんには、今回のご縁とご尽力に心から感謝いたします。最初の打ち合わせで岡田さんから「希望がもてる本をつくりましょう」という深みのある言葉をいただき、二人で折に触れてそのことを意識しながら執筆を進めることができました。私たちの思いをていねいに聴き、常に温かく見守っていただき、ありがとうございました。

２０２５年1月

久保田真美

本書は、ＪＳＰＳ科研費１８Ｈ０５７３５（２０１８）（文部科学省科学研究費〈研究活動スタート支援〉）「独居認知症高齢者の在宅生活継続のリスク尺度に関する研究」（中島民恵子）、ＪＳＰＳ科研費１５Ｈ０６７８１（２０１５）（文部科学省科学研究費〈研究活動スタート支援〉）「独居認知症高齢者のアセスメントツールの開発と妥当性・有用性の検討」（久保田真美）の研究成果の一部であることを付記します。

参考文献

国立社会保障・人口問題研究所（２０２４）『日本の世帯数の将来推計（都道府県別推計）』（令和６〈２０２４〉年推計）
https://www.ipss.go.jp/pp-pjsetai/j/hpjp2024/t-page.asp（２０２４年12月10日閲覧）

■著者プロフィール

中島民恵子（なかしま・たえこ）

名古屋市出身。政策・メディア博士。社会福祉士・精神保健福祉士。

日本福祉大学 福祉経営学部 准教授。

大学生時代に認知症の人と出会い、本人、家族、専門職から学びを得ながら、現在、調査研究やパートナーとして関わるなどの活動を通して、認知症の人や専門職の支援に携わっている。

久保田真美（くぼた・まみ）

北九州市出身。看護学博士。認知症看護認定看護師。

一般財団法人 神戸在宅医療・介護推進財団所属。

病院、訪問看護ステーション、大学、若年性認知症支援センター等を経て、現在、地域で生活をする高齢者の支援に携わっている。

ひとり暮らし認知症高齢者の「くらし」を考える
継続と限界のはざまで

2025年３月20日　初版発行

著　者●ⓒ中島民恵子・久保田真美
発行者●田島英二
発行所●株式会社 クリエイツかもがわ
〒601-8382 京都市南区吉祥院石原上川原町21
電話 075(661)5741　FAX 075(693)6605
https://www.creates-k.co.jp
郵便振替　00990-7-150584
デザイン●菅田　亮
印 刷 所●モリモト印刷株式会社
ISBN978-4-86342-385-5 C0036　printed in japan

好評既刊本

定価表示

あなたの介護は誰がする？
介護職員が育つ社会を

川口啓子／著

親の介護が終わったとき、ふと思った。私の介護は誰がするんだろう…と。介護をめぐる最も深刻な問題、それは介護職員不足、担い手不足。国家資格である介護福祉士の養成校は激減、専門職の育成は窮地に立たされ、人手不足が続く施設・事業所の撤退は相次ぎ……。 家族介護は終わらない?!

1870円

老いる前の整理はじめます！
暮らしと「物」のリアルフォトブック

NPO 法人コンシューマーズ京都／監修
西山尚幸・川口啓子・奥谷和隆・横尾将臣／編著

最期は「物」より「ケア」につつまれて──自然に増える「物」。人生のどのタイミングで片づけはじめますか？ 終活、暮らし、福祉、遺品整理の分野から既存の「整理ブーム」にはない視点で読み解く。リアルな写真満載、明日に役立つフォトブック！

1650円

認知症が拓くコミュニティ　当事者運動と住民活動の視点から

手島 洋／著

認知症とともに生きるまちとは、どのような構成要素が備わり、その力がどのように発揮されるまちなのだろうか。認知症の人と家族による当事者運動の実践が果たす役割、認知症の人や家族と協働することで組織化されてきた住民活動の実践が果たす役割の2つの視点から検討する。

2640円

専門職としての介護職とは　人材不足問題と専門性の検討から

石川由美／著

2000年の介護保険制度の導入以降、「介護の社会化」として、介護は社会全体で担うものとされてきているにもかかわらず、なぜ人が集まらないのか。混沌とした歴史的な経過を整理しながら、業務の曖昧さと乱立した資格制度の現状を分析し、「介護職」の今後を展望する。

2420円

よいケア文化の土壌をつくる
VIPSですすめるパーソン・センタード・ケア第2版

ドーン・ブルッカー、イザベル・レイサム／著　水野裕／監訳　中川経子・村田康子／訳

認知症ケアの理念「パーソン・センタード・ケア」。調査研究で明らかになった、よいケア文化の重要な特徴7項目を新たに示した、実践に役立つガイドブック第2版！。

2640円

---

http://www.creates-k.co.jp/